PRINCIPES

DE

DROIT NATUREL.

TOME SECOND.

De l'Imprimerie de NICOLAS (Vaucluse) et BOUTONET.

PRINCIPES

DE

DROIT NATUREL

APPLIQUÉS A L'ORDRE SOCIAL,

A L'USAGE DES JEUNES GENS DESTINÉS AUX FONCTIONS PUBLIQUES.

PAR J. P. MAFFIOLI, ancien Jurisconsulte de Nancy.

> ...... *Scelerum si bene pœnitet,*
> *Eradenda cupidinis*
>   *Pravi sunt elementa, et teneræ nimis*
> *Mentes asperioribus*
>   *Formandæ studiis.* ....
> Hor. Od. 18, Liv. 3.

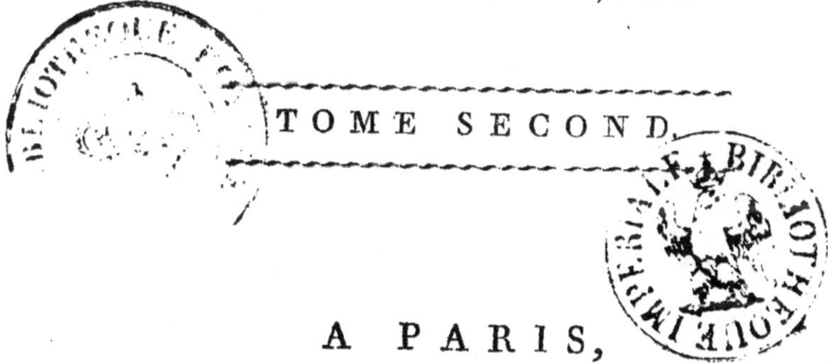

TOME SECOND.

A PARIS,

Chez P. Mongie, Libraire, Cour des Fontaines entre la rue des Bons-Enfans et le Palais du Tribunat, n°. 1; et Galeries de bois du Palais, n°. 224.

AN XII. — 1803.

PRINCIPES
DU DROIT NATUREL,
APPLIQUÉS A L'ORDRE SOCIAL.

A L'USAGE DES JEUNES GENS destinés aux fonctions publiques, etc.

LIVRE TROISIEME.

Nous avons démontré dans le second livre l'insuffisance de la raison, ou de la loi naturelle, la nécessité d'une loi révélée par l'auteur des êtres moraux, pour imprimer à leurs actions, une moralité actuelle et effective, et enfin, celle d'une autorité spécialement constituée pour être la dépositaire et l'interprète de cette loi. Nous rechercherons dans le troisième, quels sont les élémens de la puissance civile, de la souveraineté et du gouvernement *en général*, ensuite nous examinerons l'état réel de la société, le droit de la majorité sur la minorité, la souveraineté du peuple, le contrat social, la représentation de la souveraineté, etc.

Ces objets majeurs appartiennent au droit naturel, et quiconque aspire à la magistrature, ne peut trop les étudier pour en avoir une connoissance exacte et précise.

CONFÉRENCE PREMIERE.

Sur la nature de la Souveraineté en général et celle du Gouvernement.

L'AUTORITÉ spirituelle ou intérieure dont nous avons traité dans le livre précédent, n'a aucune force coactive, elle se borne à prononcer sur la moralité des actions humaines, c'est-à-dire, sur leur rapport avec la loi révélée ; ses fonctions consistent à diriger un être libre et moral, sans avoir égard à sa qualité accidentelle de grec, de romain, d'habitant du Nord ou du Midi ; elle doit donc être la même par-tout. Mais son empire se bornant à la conscience, il faut une autre autorité, dont l'objet soit l'ordre extérieur, qui fasse des loix propres à telle société, à tel climat, aux montagnes ou aux plaines, etc. et qui ait la force suffisante pour les faire exécuter.; il est évident que sans cette force, toutes les loix possibles seroient illusoires.

Examinons donc la nature de ce pouvoir appelé *souveraineté*, c'est par là que doit nécessairement commencer l'étude de cette importante matière.

Avant de savoir quelle doit être la forme ou l'organisation de la souveraineté, quel sujet en est susceptible, nous devons rechercher ce qu'elle est dans son essence. Tout ce qui est dans le monde, existe dans la conception avant d'exister sous une forme sensible.

Ainsi 1°. nous savons ce que sont la vertu et le vice en général, avant de savoir si telle chose est bonne ou mauvaise, si tel homme est vertueux ou vicieux. Nous connoissons la justice et l'injustice avant de prononcer si telles ou telles actions, tels ou tels individus sont justes ou injustes.

2°. Quand il y a harmonie entre les idées qui composent une proposition, celle-ci est vraie; quand au contraire il y a implication entre les mêmes idées, elle est fausse.

Par exemple, nous voyons distinctement la vérité de cette proposition : *Un Juge est nécessairement un homme éclairé et impartial*. Comme nous voyons avec une égale évidence la fausseté de celle-ci : *un enfant, un homme intéressé, d'une raison foible et peu cultivée, sont de bons juges*.

Les idées de la première sont entr'elles parfaitement d'accord, celles de la seconde impliquent contradiction formelle.

Nous obtiendrons les mêmes résultats pour la souveraineté : nous saurons comment et par qui elle doit être exercée, si nous examinons ce qu'elle est dans son essence. Cette étude vous semblera peut-être abstraite, mais elle n'en est pas moins nécessaire et indispensable, si vous voulez connoître à fond les élémens d'ordre social.

Ces notions préliminaires posées, si je demande qu'est-ce que le mot *souverain* présente à notre esprit ? la réponse à cette question se présente tout naturellement : 1°. Ce mot renferme deux idées correlatives, celle d'*un supérieur et d'un inférieur*.

2°. Si nous suivons, nous comprendrons bien clairement que cette supériorité doit s'entendre plus au moral qu'au physique, nous dirons donc.... le souverain est un être

essentiellement *sage*; 3°. il est de l'essence
d'un souverain d'être obéi quand il commande; et nous ajouterons de suite.... le souverain doit avoir la *force exécutive*.

4°. Il nous sera clair aussi qu'un souverain
doit avoir de l'affection pour ses sujets; car
s'il ne les aimoit pas, s'ils étoient pour lui
des êtres indifférens, il ne leur donneroit pas
des loix; le but de celles-ci, ne peut être que
le bonheur de la société, et enfin de ces trois
principes, nous conclurons... La souveraineté
dans son essence est la réunion *de la sagesse,
de la puissance et de l'amour*.

Si une fois cette définition est admise, la
matière que nous traitons, se simplifie et
cesse d'être compliquée.

En effet, si après avoir établi ce qu'est la
souveraineté en général et dans le sens abstrait, nous demandons : 1°. qu'est-ce que
gouvernement? la réponse se présente d'elle-
même. Le gouvernement est l'exercice actuel
et effectif de la souveraineté, le prince ou
gouvernant est l'homme chargé de cet exercice.

2°. La souveraineté étant la réunion indivisible de l'amour, de la sagesse et de la puissance, il est évident que gouverner, ce ne
peut être autre chose qu'exercer les mêmes

vertus, soit envers la société en corps, soit à l'égard de chacun de ses membres.

Ces principes ont été reconnus par les publicistes de tous les tems, sous les dénominations suivantes : *le pouvoir législatif, le pouvoir exécutif.*

Le premier est le droit de faire des actes obligatoires pour toute la société sans aucune distinction de personne, soit que ces actes ordonnent ou défendent ; s'ils ne concernent que des sections du corps social ou des individus, ce ne sont plus des loix, mais des conséquences de celles-ci, des décisions particulières, des jugemens, etc.

Le second est le droit d'employer la force nécessaire pour être obéi, c'est-à-dire, pour exécuter les loix faites ; sans celui-ci, il est palpable que le premier seroit absolument nul.

Le pouvoir législatif vient de la *sagesse*, le pouvoir exécutif de la *puissance* ; ils dérivent tous deux du principe d'*amour*. L'esprit humain ne peut concevoir un souverain, sans l'exercice de ces trois attributs réunis, donc notre définition est exacte; mais il y a plus, voulez-vous ajouter à votre conviction, voyez tous les gouvernemens du monde, républicains ou autres, même ceux des nations les plus incultes, et vous trouverez que dans leur administration , ils n'ont jamais employé d'autre moyen, d'autre langage.

Cette théorie me semble démontrée autant qu'une vérité morale peut l'être, et cependant plusieurs personnes ont regardé la réunion de ces pouvoirs comme la source du despotisme; mais elles n'ont raisonné que d'après l'abus et non sur la nature des choses. Or , il n'existe pas de logique plus fausse. Oui sans doute, quand l'homme revêtu de ces deux pouvoirs en abuse , l'abus sera plus terrible que s'il n'en avoit qu'un seul. Il fera de mauvaises loix, et les exécutera plus mal encore ; mais celui qui agit de cette manière est bien loin d'être souverain , il n'en a pas les premières dispositions. Si la souveraineté est l'union indivisible de la sagesse, de la force et de l'amour, ces trois vertus sont inséparables; quelle puissance exécutera mieux la loi que la sagesse et l'amour qui l'auront dictée (*). J'avoue que dans une

____

(*) On met communément la justice dans les attributs nécessaires de la souveraineté, et sans doute elle en est un ; mais cet attribut est compris dans le pouvoir législatif, dont il est une émanation.

grande société, le travail imposé par les deux pouvoirs réunis sera immense, mais cette difficulté n'est pas une raison de séparer ce qui est indivisible de sa nature.

Pour être pleinement convaincu de cette indivisibilité, il suffit de supposer la division faite et de voir les effets qui en résulteraient: qu'est - ce que le pouvoir exécutif séparé de la législation? il n'est plus qu'un agent passif et subalterne. La loi n'étant pas son ouvrage, il n'a pas d'intérêt sincère et personnel à sa perfection, à son succès, ou à son rapport, il est entièrement exclu de la souveraineté, il n'est pas même dans l'exacte vé-

---

Qu'est-ce que rendre la justice? C'est faire l'application de la loi aux espèces qui intéressent les particuliers.

Les mêmes personnes qui craignent la réunion, veulent encore que le pouvoir judiciaire soit séparé du législatif et de l'exécutif; mais leur raisonnement porte aussi sur l'abus, et par conséquent sur une base fausse. Si nous parlons *principe*, il est certain que personne n'est plus en état d'appliquer la loi, que son auteur, personne n'en saisira mieux l'esprit. Il n'en sera plus de même sans doute, si le législateur est un despote ; ce despotisme sera plus terrible dans ses applications et jugemens, mais ici nous ne raisonnons point dans cette hypothèse.

rité pouvoir exécutif, il n'en est plus que le ministre, ce n'est pas à lui qu'on obéit, mais à celui dont il est l'instrument.

Malgré ces maximes, on a cherché, dans quelques états, à séparer ces pouvoirs, et l'on a cru avoir effectué cette séparation, en bornant le pouvoir exécutif au droit d'empêcher la loi; mais il s'en est suivi un résultat tout contraire : la sanction seule est l'ame de la loi : sans celle-là, celle-ci est une simple proposition : celui qui a droit de sanctionner est vraiment seul législateur. Il y a plus, le pouvoir indéfini d'empêcher la loi, est la plus grande force que l'on puisse imaginer en législation, puisqu'il est un tribunal qui approuve, ou infirme en dernier ressort, ce qui a été arrêté dans celui de première instance ; ainsi dans cette forme, il a beaucoup plus d'avantage que s'il avoit assisté ou présidé au débat.

Il en résultera les mêmes effets, si la puissance exécutrice a l'initiative des loix, toutes ces mesures, sous des expressions différentes, sont les mêmes quant au fond. Ceci est sensible et n'a pas besoin d'explication.

La magistrature qui a cette initiative, et sans laquelle le corps délibérant ne peut opérer ni ouvrir de discussion, doit sans doute être regardé, à plus d'un titre, comme le premier mobile de la législation. Enfin, quoiqu'on ait fait chez les différens peuples pour séparer ces pouvoirs, on n'a pu y parvenir, toutes les tentatives faites à cet égard, ont été inutiles, ce qu'on a voulu éviter d'un côté, s'est toujours reproduit de l'autre, on n'a fait que changer les noms.

La souveraineté est indivisible de sa nature. Otez-lui un seul de ses attributs, elle est mutilée, manquée, elle n'est plus, il y a désordre, et quand ce désordre ne va pas jusqu'à empêcher la machine sociale d'aller, c'est que le souverain a été mis à même de faire par des voies indirectes, ce qu'il ne peut directement. Il n'est peut-être pas de vérité que l'expérience ait plus universellement constatée, et pourquoi ? parce que l'essence des choses, est supérieure à toutes les combinaisons, à tous les efforts des hommes,

Naturam furcâ expellas, tamen usque recurret.

Mais la souveraineté étant indivisible, et le pouvoir exécutif étant le seul sensible aux hommes, c'est aussi ce dernier qui, à proprement parler, est la vraie souveraineté.

La puissance législative est sans doute nécessaire et excellente, mais elle opère seule dans le cabinet, ne travaille que sur les principes philosophiques, dont elle tire ses conséquences, ses applications et ses lois, c'est l'ouvrage de la méditation et de la sagesse, pour lequel la société ne peut avoir trop de reconnoissance ; mais cependant quelle différence avec la tâche du pouvoir exécutif? Ce n'est pas avec les principes seulement qu'il a affaire, mais avec tous les individus, mais avec toutes les passions, qui tous les jours et à chaque instant du jour prennent toutes les formes imaginables pour le circonvenir et le tromper.

C'est donc le pouvoir exécutif, qui est chargé de payer la dette de la souveraineté, et en porte réellement tout le fardeau.

Il n'est donc pas sous le ciel de ministère plus auguste, plus sublime, mais aussi n'en est-il pas de plus pénible, et il seroit sans doute au-dessus des forces de l'humanité, si la science sociale n'employoit tous les efforts dont elle est capable, non-seulement pour bien l'organiser en lui-même, mais encore pour rendre l'homme qui y sera élevé, bon, sage, puissant, heureux, en un mot digne d'exercer la souveraineté, telle que nous l'avons définie.

CONFÉRENCE II.

Sur la formation de la première Souveraineté.

—Vous avez expliqué dans la conférence précédente la *nature* de la souveraineté en général, expliquez-nous maintenant sa formation.

≡ Pour savoir comment se forme la souveraineté, il suffit de considérer avec attention la formation de la société elle-même. Il n'est pas de réunion d'hommes quelle petite qu'on la suppose qui n'ait son chef, sans quoi elle ne subsisterait pas, l'idée de société emporte l'idée d'un chef. Où il n'y a pas de chef, il n'y a que des individus isolés, épars, qui se rencontrent par hazard, comme des animaux dans une forêt, ce n'est qu'un rassemblement fortuit, et sans aucune liaison.

Cela posé: la première société qui se présente à nous, est la famille, le chef de cette société est le père, donc le père est le premier souverain. Le père est-il mort, la fa-

mille par nécessité ou par sentiment, conti-
nue d'exister sous l'autorité du plus ancien
des frères, ou de celui des parens qui par
ses vertus représente mieux le père.

On ne voit pas les familles se disperser
ou se dissoudre aussi-tôt que le père est mort.

Chez les peuples restés dans la nature, les
frères quoique mariés, restent unis tant que
l'habitation peut les contenir.

Les choses, il est vrai, ne restent pas long-
tems dans cette situation : la famille étant accrue après quelques années, forme déjà ce
qu'on appelle une petite communauté, dont
les membres ne peuvent plus habiter ensemble; mais ils se connoissent tous et voyent
encore le tronc d'où ils sont sortis. Elevés dans
les mêmes idées, dans les mêmes impressions,
ils ont contracté les mêmes habitudes, dont
l'empire, comme nous l'avons vu, est si fort
chez tous les hommes.

De cette combinaison, il résulte que sans
nulle convention (et sans qu'ils en aient seulement l'idée) mais par le fait seul, et le cou-
rant des choses naturelles, ils reconnoissent
pour chef celui de la famille qui leur rend
le plus de services, sait maintenir entr'eux
l'ordre et la paix, leur inspire le plus d'at-

tachement et de respect, en un mot *exerce le mieux les vertus qui forment l'essence de la souveraineté*. C'est ainsi que s'est formée la première autorité après la paternelle. Si l'on avoit sur ce point le moindre doute, il disparoîtra à la seule considération de la marche de la nature. Rien n'a changé à cet égard; les familles, les communautés, les états, les empires s'y forment aujourd'hui, et sous nos yeux, comme ils se sont formés dès le commencement du monde. Après le père, c'est le fils aîné, s'il est en état, ou au défaut de celui-ci le plus proche parent; et quand la famille accrue est devenue une communauté, c'ets l'ancien le plus capable, ou celui qu'on a appellé patriarche. Voilà comme se sont formées dans tout le monde les premières sociétés : or, les faits ainsi constatés et rétablis, se présentent les observations suivantes :

1". Lorsque la société en est encore au dégré où nous venons de la laisser, les assemblées n'y ont pas lieu, et la raison en est sensible.

Le plus grand nombre des individus, absorbé par ses besoins physiques, exclusivement occupé de son existence, n'a aucune idée de droit politique, de gouvernement, d'autorité, etc. Ces idées, filles de l'amour propre, sont naturellement venues fort tard, elles attestent une sorte d'aisance et des tems de loisirs, elles prouvent que les mœurs ont déjà perdu de leur simplicité primitive.

2". Quand les assemblées se tinrent, elles furent d'abord peu nombreuses, composées seulement du très-petit nombre, qui étant parvenu à se mettre au-dessus des premiers besoins, avoit acquis sur les autres une certaine supériorité.

Cette progression est absolument dans le cours des choses, la nature n'a pas une autre marche. On ne dit cependant pas pour cela qu'il ne puisse et qu'il ne se soit pas en effet formé des sociétés d'une autre manière. Oui sans doute, cela se peut; et céla s'est fait, mais ce n'est plus la société de la nature.

Il existe, par exemple, dans un coin du monde, une troupe de brigands qui ont parmi eux un homme supérieur et à grand caractère. Celui-ci veut changer cet état malheureux et indigne de lui, son esprit est vaste, son ame intrépide. Il conçoit que pour enter une nation policée, sur cette horde sauvage et indisciplinée, il ne lui faut que des hommes et des lois, que s'il a des bras, la terre où il se trouve, ne lui manquera pas.

Pénétré de ce dessein, il appelle à lui les hommes de tous les pays, leur promettant sûreté, protection, liberté, etc.

A sa voix, les vagabonds, les fugitifs, les proscrits, les gens sans propriétés, sans femmes, sans enfans, etc. accourent de toutes parts. Les voilà réunis en grand nombre, et en présence les uns des autres. Certes, il n'est pas possible de tenir un tel rassemblement pendant trois jours de suite, et moins encore de le fixer pour l'avenir sans un pacte social auquel chaque individu promettra d'obéir. Ici les impressions de l'enfance, les habitudes de famille ne sont rien, ils ne doivent rien non plus à quiconque voudra les commander, enfin ils sont libres comme l'air, puisqu'ils ont quitté et la famille et la société dont ils étoient membres, il faut donc que chacun dise.... Je reste ou je ne reste pas... Je souscris aux propositions que vous me faites ou je n'y souscris pas : voilà sans doute un contrat pour tous ceux qui s'engageront dans la société nouvelle dont nous parlons; mais l'on doit avouer aussi que cette composition n'est pas dans l'ordre des choses naturelles. C'est un corps factice dont les commencemens

mencemens peuvent se comparer à ceux d'une légion, d'une troupe formée par des recrues où les déserteurs de différens pays, et si l'on ajoute que pour se perpétuer, ce corps naissant fut réduit à commettre une violence inconnue dans les fastes d'aucune nation, en ravissant les filles et les femmes de ses voisins, on verra que chez lui tout est contre nature. L'origine du peuple romain n'a donc rien de commun avec celle des autres, et son exemple ne contredit nullement ce que nous disons sur celle de la souveraineté.

Si ensuite vous consultez l'histoire, vous verrez que les nations qui ont été gouvernées par des assemblées générales, n'ont point commencé par cette forme de gouvernement; les peuples démocrates avant d'être tels, ont eu un autre régime La démocratie n'est venue qu'après le despotisme et les révolutions (*).

____

(*) « Une révolution presque générale avoit changé
» la face de la Grèce : naturellement inquiets, ir-
» rités par le malheur et l'oppression, les Grecs
» étoient lassés d'obéir , comme les rois s'étoient
» rendus indignes de commander. Quelques-uns
» ayant secoué le joug, les autres suivirent leurs
» exemples. Les anciens royaumes devenus des ré-
» publiques , se gouvernèrent sur un nouveau plan...

Sparte, Athènes, Rome, ont été royaumes avant d'être républiques, et lorsque nous demandons en philosophie comment se forma la première souveraineté, nous entendons rechercher la manière dont elle se forme ordinairement dans toutes les sociétés qui vont selon le cours de la nature ; mais nous ne voulons point parler des établissemens politiques formés par le génie des hommes, dans des circonstances absolument extraordinaires, ni des conventions qu'ils supposent. Il est évident qu'il n'est aucune comparaison à faire entre l'origine des corporations particulières qui ont

---

» Sparte ou Lacédémone en devoit donner l'exem-
» ple. Depuis *environ* neuf *cens* ans que les Héra-
» clides avoient repris le Péloponèse, deux princes
» de leur race occupoient conjointement le trône.
» Le partage de la royauté, source éternelle de di-
» vision, déchiroit un état dépourvu de bonnes loix.
» Lycurgue parut enfin pour la gloire et le bonheur
» de sa patrie.
» Les Athéniens plus qu'aucun autre peuple de la
» Grèce, respiroient l'indépendance. Un différend
» survenu entre les deux fils de Codrus, fournit l'oc-
» casion d'abolir la royauté, des magistrats nommés
» archontes furent chargés du gouvernement ». *Histoire Grecque.*

été formées au milieu des nation et sont elles-mêmes, avec le tems, devenues peuples, et les commencemens des autres peuples.

— Il suit de cette explication que la société ne commence point toujours par un contrat, ou que la souveraineté du peuple n'est point dans la nature des choses.

= Effectivement, cette conséquence sort de nos principes, et nous tâcherons de la justifier dans les discussions qui vont suivre.

CONFÉRENCE III.

Sur la Souveraineté attribuée au peuple.

QUE le principe qui déclare le peuple souverain, est faux en logique et en droit naturel.

— On ne conçoit pas qu'un particulier puisse avoir une autorité quelconque, si elle ne vient originairement du peuple. *Celui-ci seul donne les pouvoirs, ou en permet l'exercice, la loi n'est que la volonté générale ou l'expression de cette volonté ;* ces maximes sont le résultat des méditations des hommes les plus sages, sur l'ordre social, elles sont devenues la base de toutes les constitutions des peuples libres et civilisés ; donc la proposition mise en tête de cette conférence est un paradoxe destitué de tout fondement, contraire aux premières notions de liberté, et tendant à établir le despotisme.

= S'il ne nous étoit permis de raisonner

ici, que d'après des autorités, il y en a sans
doute de trop imposantes sur l'objet qui nous
occupe, pour oser mettre en question le
principe qui déclare le peuple souverain;
mais si, abstraction faite de ce qui a été
dit à cet égard, vous remontez aux élémens, si vous suivez avec attention les commencemens et les progrès de tous les peuples,
si vous observez la composition de toute
multitude, vous n'aurez aucun doute sur la
fausseté de ce même principe, non plus que
sur celle de la définition de la loi rappellée dans
votre objection; et cette conviction sera parfaite, lorsqu'après avoir acquis des notions
précises sur la souveraineté, la liberté, le
despotisme, vous aurez comparé toutes ces
idées qui sont autant de correlatifs.

Le premier point à constater, c'est de
vérifier s'il y a réellement une volonté
générale:

Or, pour peu qu'on réfléchisse, on trouvera que cette volonté générale n'existe point
ou qu'elle est un être de raison. En effet,
qu'est-ce que la volonté? C'est l'acte par
lequel un être libre se détermine pour un
objet plutôt que pour un autre, ensuite de
la comparaison faite par lui des mêmes objets;

il ne veut une chose qu'après avoir jugé bien ou mal qu'elle lui convient pour son bonheur; mais comme il n'y a point de *jugement général*, il en résulte par la même raison qu'il n'y a pas non plus de *volonté générale*.

Il y a, il est vrai, quelques principes généraux reconnus par tous les hommes; mais il n'en est pas de même de l'application de ces mêmes principes, laquelle peut varier, et varie en effet autant qu'il y a d'individus. Ainsi, tous veulent être heureux, en vertu du sentiment attaché à leur nature ; mais chacun d'eux place ce bonheur dans des objets différens. Le but est sans doute le même pour tous ; mais pour y arriver, l'un prend à droite, l'autre à gauche, et cette différence est telle qu'il n'a peut-être jamais existé deux hommes dont les volontés aient été d'accord entr'elles (*).

____

(*) C'est la remarque du philosphe Epictète dans son manuel, liv. 2, § 62, où il s'exprime ainsi : . . . . « Il y a des notions communes dont tous » les hommes conviennent également. Les disputes, » les discussions, les guerres, etc. d'où viennent- » elles ? de l'application de ces notions communes » à chaque fait particulier. La justice et la sain-

Pour vous assurer que cette théorie n'est pas un ouvrage d'imagination, mais qu'elle est fondée sur l'expérience la plus constante, descendez dans les détails de la vie humaine.... Voilà, par exemple, une famille composée de six frères : il est démontré que si ces individus cultivent ensemble un tel terrein donné, il leur rapportera non-seulement de quoi vivre, mais un superflu notable. Réunissez-les pour délibérer, croyez-vous qu'il en résultera une volonté unanime, quoique chacun d'eux veuille également son bien-être ? Non : deux seront d'avis de la culture, le troisième pensera que la chasse et la pêche lui conviendront mieux ; celui-ci se décidera pour la vie pastorale, le sixième pour une occupation sédentaire, et finalement le terrein ne sera pas cultivé.

» teté sont préférables à toutes choses, personne
» n'en doute ; mais une telle chose est elle juste ?
» est-elle sainte ? voilà pourquoi l'on s'égorge. »

Tres mihi convivæ prop? dissentire videntur,
Poscentes vario multum, diversa palato.
Quid dem, quid non dem, renuis tu quod jubet alter.
Quod petis id sane est invisum acidum quæ duobus.

(HORAT. *Epist. ad, Jul. Flor.*)

Il est reconnu que la construction de cette chaussée, ou le desséchement de ce marais enrichira cette communauté : eh bien! se portera-t-elle d'un consentement unanime au travail ? Non encore. Chacun de ses membres n'étant occupé que des intérêts ou des besoins du moment, si les mêmes ouvrages exigent quelques peines, quelques sacrifices, ils ne se feront pas. N'est-ce pas là ce qu'atteste l'expérience de tous les jours ? Donnez cependant un père aux six frères et un chef à la communauté, quelle différence? le terrein sera cultivé, la chaussée construite, le marais desséché, et chacun jouira des avantages qui résulteront de ces travaux.

On vous donne ici pour exemple des objets très-simples et à la portée de tous; mais que sera – ce s'il est question de gouvernement et de législation, etc, s'il s'agit de régler les mariages, les successions, organiser le corps politique, que sera-ce que la volonté générale prétendue sur des matières aussi compliquées, aussi abstraites, sur des choses dont le général n'a pas même d'idée? La volonté générale n'existe donc pas, c'est un mot vuide de sens dont on abuse tous les jours, comme de tant d'autres, et par conséquent la définition de la loi rappellée dans votre objection est fausse.

— Puisque, selon vous, la loi n'est pas l'expression de la volonté générale, donnez-en la définition.

⥊ Elle est fort simple : dans la véritable acception, la loi est un ordre donné par celui qui a droit de commander, à celui qui est constitué dans l'obligation de lui obéir, ou autrement par le *supérieur à son inférieur*.

— Nous concevons qu'il n'y a pas de volonté générale ou parfaitement unanime, mais selon vous, la loi est la règle prescrite par un supérieur à son inférieur. Or, la majorité des citoyens est supérieure à la minorité, donc la volonté de celle-là est pour celle-ci une véritable loi; et par une autre conséquence, la définition par laquelle on dit que la loi est la volonté générale, exprimée par la majorité, est au-dessus de toute critique.

⥊ 1°. Comme en physique la quantité n'est pas la qualité, de même au moral le plus grand nombre ne fait point la supériorité. Supérieur dans ce sens, ne veut pas dire le plus nombreux ou le plus fort, mais le meilleur et le plus sage.

2°. On ne peut prétendre que les dernières qualités soient au moins présumées de droit dans la majorité ; car le plus grand nombre est composé d'individus qui par leur genre de vie sont dans l'incapacité relative de *juger*, et par conséquent de *vouloir* ; donc placer la loi dans la volonté de ce plus grand nombre , c'est précisément la fixer là où il n'y a pas même de volonté, si par ce mot l'on entend une délibération prise en connoissance de cause, et sans doute personne n'entendra le contraire (*).

(*) Ce fut pour balancer ces inconvéniens , ou plutôt pour les rendre nuls, que Servius - Tullius, sixième roi de Rome, divisa tout le peuple en 193 centuries , qu'il mit 98 de ces centuries (c'est-à-dire, plus que leur moitié) dans la première classe des citoyens, qui n'étoit composée que de sénateurs , de patriciens et des plus riches , et qu'après cette distribution adoptée , il fit régler que les suffrages se recueilleroient non par tête , mais par centuries. Quel fut l'effet de ce réglement ? Il est sensible, il fut de mettre tout le pouvoir de la république dans la classe la plus éclairée et d'en exclure la multitude. Le peuple romain, à cette époque, étoit composé de 80 mille citoyens capables de porter les armes, ainsi il y a lieu de croire que les 98 centuries n'en contenoient pas dix mille. Le roi Servius-Tullius est un des hommes qui ont eu le plus sincère amour de la liberté , mais aussi qui ont mieux étudié les moyens

3°. Il peut se faire, et il arrive en effet très-souvent, que la minorité ne soit inférieure que de quelques voix, et même d'une seule; or, soumettre la vérité et la justice à quatre ou cinq voix, et peut-être à une seule, n'est-ce pas les faire dépendre du plus grand hazard et si l'on veut d'un coup de dez? N'est-ce pas réellement donner la souveraineté à ce très-petit nombre? Enfin, n'est-ce pas constituer le concours fortuit des atômes et l'aveugle destin arbitre des plus grands intérêts.

4°. L'histoire du monde nous donne la preuve sans réplique de la vérité de ces assertions, n'est-il pas constant que la multitude n'a ni jugement ni volonté? Ne la voit-on pas chaque jour passer rapidement d'une

---

de la régler. Il comprit qu'il falloit des distributions inégales dans les droits politiques, jusques dans la portion de démocratie qu'il se voyoit obligé de faire entrer dans son gouvernement, et d'après ce principe, bien loin de placer la loi dans la majorité, il la fixa au contraire dans la minorité.

Ce législateur, comme philosophe, n'eût donc pas défini la loi telle qu'elle l'est aujourd'hui, par la déclaration des droits de l'homme; donc aussi le peuple qui a été si fier de sa liberté, n'a pas été souverain.

extrémité à l'autre, applaudir aux orateurs qui parlent dans le sens le plus opposé? Décerner les honneurs du triomphe, et le moment d'après livrer à l'infamie, à la mort, celui qu'elle a fait triompher? Se jouer de tout, jurer, déjurer avec une facilité et une indifférence égales, enfin les excès auxquels on la porte et où elle se laisse aller de sang-froid, ne montrent-ils pas que dépourvue de conscience, elle n'agit point d'après elle-même, mais toujours d'après l'impulsion qu'elle reçoit, c'est-à-dire, bien ou mal, selon la moralité de ceux qui lui donnent cette impulsion (*)?

____

(*) Tite-Live dit de la multitude: *hæc natura multitudinis est, aut humiliter servit, aut superbe dominatur.*

Machiavel prétend au contraire, qu'un peuple est plus sage qu'un prince; mais il suffit de lire le chapitre où il traite cette proposition, pour voir que son raisonnement n'est qu'un sophisme. Selon lui, le peuple est un être moral, et il cite en preuve le peuple romain; mais il est constant que celui-ci n'a jamais rien fait que par ses tribuns ou par son sénat, c'est ce que le même auteur avoue dans ces termes : « Un peuple réglé comme il doit être, sera aussi » bon, aussi rassis et prudent qu'un prince ». Il convient donc qu'un peuple doit être bien réglé, *pour*

Si l'on demande la cause de cette disposition habituelle, on la trouvera dans la nature
même de l'homme. C'est un caméléon qui
change selon les positions où il se trouve.
Quand il est en présence du public, il n'est
plus ce qu'il est pris individuellement, c'est
un être tout autre et qui ne ressemble plus
en rien à lui-même. Ses facultés morales
gênées, intimidées par les autres ne peuvent
s'exercer librement, elles sont dans une perpétuelle contrainte. Il en est bien différemment
quand il est seul ou avec quelques amis, il
jouit alors dans le calme de toute sa raison et
de sa liberté. Il sait qu'il est auteur libre de
ses actions, qu'il en est comptable à Dieu, à
ses semblables, à lui-même, et ces sentimens
opèrent en lui un changement total. Mais sa
foiblesse est telle, que, devant le grand nombre, toutes ses facultés sont suspendues,
et interdites : aussi quelles que soient les
erreurs, les inconséquences de l'individu,
même le plus borné, il ne se laisse pas entraîner comme la multitude, il ne tombe jamais
dans des égaremens aussi grossiers, dans des

être prudent et rassis, etc. mais c'est précisément
ce qui est impossible sans chef, *hoc opus hic labor.*

contradictions aussi révoltantes. Il y a plus, consultez l'expérience; tous les jours, quand il est de retour dans ses foyers, il lui arrive de blâmer, de critiquer ce qui a été fait par l'assemblée dont il est membre, il improuve le premier les délibérations qui y ont été prises, et auxquelles lui-même a donné les mains.

Que de discours prononcés, que d'actions faites en public n'auroient pas vu le jour dans le secret, et dont les auteurs rougissent vis-à-vis d'eux-mêmes? Combien de fois n'a-t-il pas été dit entre quatre yeux..... « J'y ai « été forcé; si je ne faisois cela j'étois perdu, « il m'en a bien pris de parler ainsi, etc etc. Enfin, une vérité de fait, c'est que l'homme ne se montre jamais dans le monde tel qu'il est chez lui, mais tel que le quart-d'heure et l'intérêt du moment exigent qu'il paroisse. Est-il avec un puissant dont il a besoin, comme il le flatte et le caresse! il le porte au troisième ciel. Est-il en présence de son souverain, c'est-à-dire, devant le distributeur de la fortune, (peuple ou autre) quel zèle, quel dévouement! Il est prêt à chaque instant de lui sacrifier tout ce qu'il a de plus cher, et jusqu'à la dernière goutte de son sang : voilà les hommes, ils ne sont jamais moins

libres que devant les puissans, et toute assemblée est une puissance, et s'il en est quelques-
uns au-dessus du vulgaire, qui en public ou
devant les puissances, aient la force de parler le langage de la vérité, nous ne pouvons
assez louer leur courage, mais il a été dans
tous les tems bien facile de les compter.
Apparent rari nantes in gurgite vasto.

Il suffiroit donc de jetter les yeux sur la
nature de tout peuple et de toute majorité,
pour en conclure que l'un ne peut être souverain, ni l'autre faire la loi; mais cette vérité sera portée au plus haut point d'évidence, si l'on examine ensuite la question
dans les principes, et si l'on ne rappelle ce
que nous avons dit sur l'essence de la souveraineté. Réfléchissez encore sur ce mot, et
puis répondez vous-même à cette question :
que présente à l'esprit l'idée de souverain ?
elle lui offre sans doute un être excellent,
supérieur *au moral*, qui a un inférieur dont
il veut faire le bien-être et qui en a le pouvoir.

Que lui présente au contraire l'idée *peuple ?*
une collection indéterminée d'êtres inégaux
en facultés morales et physiques, un rassemblement au milieu duquel le plus sage est souvent le plus foible, et n'ose ouvrir la bouche :

or, n'est-il pas clair que toutes ces idées et celle de la souveraineté se détruisent les unes les autres (*) ?

Mais continuons, rien ne démontre mieux la vérité ou la fausseté du principe le plus abstrait que ses conséquences : or, suivez celles qui dérivent de la souveraineté populaire.... Le même individu sera souverain et sujet tout à la fois... Le plus ignorant, le plus immoral sera membre de la souveraineté tout autant que le plus vertueux, et pourra comme celui-ci en exercer sa portion..... La majorité sera reconnue maîtresse de faire le lendemain ce qu'elle aura fait la veille, ou plutôt nulle par elle-même, elle prendra tour-à-tour le parti qui lui sera

---

(*) L'auteur où j'ai puisé mes principes, a établi l'insuffisance des définitions de la souveraineté, données avant lui par Puffendorff et Barbeyrac, et après avoir démontré sur-tout la fausseté de celle de Hobbes, qui la fait consister dans la *seule force*, voici comme il la définit :

La souveraineté est le droit qui dérive d'une puissance supérieure, accompagnée de sagesse et de bonté.... Cette définition ne peut sans doute s'appliquer au peuple, mais n'est-il pas curieux que les maximes enseignées dans l'école de Genève par le professeur Burlamacqui, fussent diamétralement opposées à celles de ce gouvernement ?

dicté....

dicté.... Enfin, les passions et le droit du plus fort seront les seuls régulateurs de ce monde.

Une doctrine capable de produire de pareils effets, ne doit-elle pas être examinée avec la plus sérieuse attention et recevoir tous les développemens dont elle est susceptible?

Cette recherche est d'autant plus importante dans les tems où nous sommes, que la maxime de la souveraineté du peuple a les défenseurs les plus célèbres, qu'on ne manque pas de moyens spécieux pour la soutenir, et qu'elle est d'ailleurs pleine d'attraits pour la multitude.

Cette doctrine que les anciens n'ont pas professée semble avoir pris son origine en Angleterre, dans les disputes auxquelles donnèrent lieu les fausses prétentions de Jacques I. au pouvoir absolu, et quelques années après, elle fut employée à la perte de son fils Charles I. : depuis ce tems, elle a fait les plus grands progrès, en sorte qu'aujourd'hui elle est devenue une espèce de dogme en politique, et forme la base de toutes les constitutions modernes.

Elle a sans doute des partisans de bonne-foi, dont le but est la destruction du despotisme ; mais ne sont-ils pas tombés dans l'excès qu'ils ont voulu éviter, et ce principe n'est - il pas le moyen d'amener la plus affreuse tyrannie ? En tout cas, la question est si capitale, que celui pour qui elle est douteuse, ne peut être blâmé en aucun tems de la soumettre à la discussion ; elle intéresse tellement le bonheur de tous, qu'on ne peut assez la développer pour l'instruction de ceux qui se destinent aux fonctions publiques, dans les monarchies, ou dans les républiques.

Il a été un tems (et il n'est pas loin de nous) où c'eût été un crime de penser à faire cette discussion, mais aujourd'hui, depuis les effets qu'elle a produits, elle est devenue d'une nécessité indispensable. Un principe n'est jamais une chose indifférente, ou il est un anneau de la chaîne morale, ou il brise cette chaîne, et si l'on veut que l'enseignement ne soit pas illusoire, il faut qu'il ose attaquer les maximes les plus accréditées, fussent-elles soutenues par des talens supérieurs, c'est précisément la célèbrité de leurs auteurs qui en fait le principal danger.

CONFÉRENCE IV.

Discussion où l'on démontre, que liberté et souveraineté sont des idées contradictoires et des choses incompatibles.

—Toutes les résolutions importantes, même dans le conseil des rois les plus sages, n'ont jamais été prises qu'à la pluralité des voix, il n'a pas été trouvé de moyen plus sûr pour régler les plus grands intérêts ; donc c'est avec bien de la raison que la souveraineté a été placée dans la majorité du peuple.

= Quand nous disons que la majorité des suffrages est une règle fausse et dangereuse, nous ne parlons pas de la pluralité des opinions dans une compagnie d'hommes, tous distingués par leurs vertus, leurs lumières, lesquels n'ont pas seulement la liberté d'expliquer leurs opinions, mais pour qui c'est un devoir de développer les motifs qui déterminent leur conscience; on ne peut faire de comparaison entre deux choses aussi disparates.

3 *

Il y eut cinq-cents personnes pour juger Socrate, dans l'accusation intentée contre lui par Mélitus, 220 voix furent en sa faveur, et par conséquent 280 contre. Dans cette assemblée, il n'y eut peut-être pas 3o individus qui véritablement remplirent l'office de juges. Ce n'étoit pas un tribunal, mais une multitude partagée en deux factions, dont chacune avoit son chef ou son meneur, et celle qui étoit pour Socrate fut dans ce moment la plus foible, parce que la faction contraire avoit profité de l'absence de ses amis, entre autres, comme vous savez, d'Alcibiade. Quelques tems après l'exécution, le parti de Socrate redevint le plus fort, il accusa à son tour Mélitus, et le fit condamner à mort.

Voilà entre mille, un exemple qui montre ce qu'est la pluralité dans un tel rassemblement; c'est toujours de sa nature une cohue tumultueuse, dont les membres sans liberté ne peuvent faire usage de leurs facultés morales. Quand chacun des individus qui doivent le composer est dans ses foyers, il peut avoir des intentions pures; mais lorsqu'il se trouve en présence des agitateurs et sous l'empire de leur réthorique, il n'est plus le même homme, il n'a plus de jugement à lui. Ce qu'il y a de pis , c'est qu'il fait le bien ou le mal sans éprouver ni plaisir ni remords ; n'agissant que par l'exemple de gens qu'il croit plus éclairés que lui , sa conscience ne lui reproche rien ; il condamne , il absout avec la même tranquillité d'ame et comme par mécanisme.

De ces faits justifiés par l'expérience de tous les tems , il résulte que plus une affaire est importante , moins elle doit être abandonnée au jugement d'un grand nombre. Si l'assemblée est considérable , les foibles en forment toujours la grande majorité , et ils se rapportent naturellement à l'avis des plus forts qui sont toujours en très - petit nombre. Les uns donnent bien leur voix comme les autres , mais ils ne jugent pas. Alors les suffrages sont comptés et non pesés , *numerantur non ponderantur*.

Peut-il exister une mesure plus fatale , plus dangereuse pour la justice (*)? Mais

---

A Athènes le sénat étoit composé de 400 personnes (dans la suite il le fut de 600). Il n'avoit que le droit de proposer les affaires, le peuple seul pouvoit décider, c'est ce qui fit dire à Anacharsis, parlant à Solon.... « J'admire que chez vous les « sages aient seulement le droit de délibérer et que « celui de décider appartienne aux foux. » Quand

s'il est contre l'ordre de confier le ministère de juge à une multitude, et en général à tout rassemblement qui en approche, il ne faut pas en conclure pour cela que j'attaque ici l'autorité de l'opinion publique. Rien n'est plus éloigné de mes intentions : l'opinion publique est bien la plus respectable de toutes les autorités, mais ceux qui la composent ne sont pas une foule d'individus de toute espèce, resserrée dans un court espace, poussée en tout sens et qui souvent ressemble à une mer agitée. Nous expliquerons dans la suite ce que c'est que le tribunal de l'opinion publique, et nous montrerons combien il diffère d'une assemblée populaire.

— Quoique l'on puisse dire sur cette matière en la traitant dans l'abstraction, rien

------

même le sénat eût eu le droit de décider, la constitution n'en eût guères été meilleure, une assemblée de 600 personnes est toujours un rassemblement populaire, et dans un si grand nombre, il n'y a toujours que très-peu d'individus qui approfondissent les questions, et souvent un seul qui dirige.

Rien n'est plus perfide que les décisions qui se prennent par assis, par levé, ou d'autres formes de cette espèce, il est bien certain que des voix ainsi receuillies, *numerantur et non ponderantur.*

ne se décide à la fin que par la volonté de
la multitude ou de la majorité; ainsi toute
votre dissertation est en pure perte. En
effet, si le peuple commence à se réunir
en corps politique, il faut qu'il choisisse
son régime et ses chefs : continue-t-il
d'exister sous un gouvernement déjà tout
organisé, celui-ci ne va que par le consentement tacite de celui-là; donc dans tous les
cas, le peuple possède en lui le principe de
la souveraineté. C'est une vérité de fait, contre
laquelle viennent échouer tous les argumens
de la théorie ou toutes les subtilités de la métaphysique.

= Cette conséquence ne sort pas de ses
prémisses : de ce que le peuple soit à la rigueur
le maître de choisir le régime sous lequel il
préfère de vivre, ou de ce qu'il paroisse
donner un consentement tacite à celui sous
lequel il se trouve, il ne suit nullement qu'il
soit souverain.

Loin de-là, il en résulte précisément tout
le contraire: la faculté qu'il a d'opter le mode
politique qui lui convient le mieux, ne prouve
autre chose sinon que dans la nécessité où il
est de dépendre d'une autorité quelconque,
il peut se soumettre à celle-ci plutôt qu'à

celle-là. Il n'est dans tout ceci rien d'abstrait, tout y est d'une pratique journalière, et c'est ce que l'exemple va vous rendre sensible.

Une multitude de six cents individus s'embarque pour aller peupler une île déserte : elle choisit le capitaine, le pilote et les autres officiers de l'équipage. Pense-t-on que cette opération soit un acte de souveraineté ? Ce seroit-là bouleverser toutes les idées. Le choix que fait cette multitude prouve seulement l'impossibilité où elle est d'exécuter son entreprise sans chefs, et la nécessité où elle est de s'en donner.

Il en est de même du peuple, il n'est pas souverain par cela qu'il peut choisir son régime ou ses conducteurs. Cette faculté n'est qu'un acte de *la liberté naturelle*, dont chaque individu fait tel usage qu'il juge convenable.

Je suppose encore plusieurs individus en litige sur un objet quelconque, ne pouvant s'accorder ; ils nomment un tiers avec la faculté de prononcer définitivement sur la contestation. Ce juge est devenu leur souverain, puisque le pouvoir judiciaire est un attribut de la souveraineté, et sans leur nomination sans doute il n'auroit aucun pouvoir sur eux; mais de ce que les plaideurs l'ont investi de cette autorité, s'ensuit-il qu'ils soient ses souverains? Non sans doute; il s'ensuit que ces derniers étant, par l'effet de leur faiblesse, de leur ignorance ou de leurs passions, dans un état violent et malheureux, qui est le procès, et dont ils ne peuvent sortir sans le secours d'un autre, ils sont obligés d'avoir recours à un homme supérieur en lumières et en vertus, pour qu'il leur rende ce service.

Il en est de même de tout le corps politique ou de la société. Celle-ci, par l'opposition des intérêts réciproques, se trouve dans un état toujours tendant à celui de procès. Pour prévenir les chocs qui, par leur fréquence, pourroient devenir funestes, ou pour les réparer quand ils ont eu lieu, elle charge spécialement quelques personnes du soin de remplir ces fonctions importantes; est-ce là une raison pour en conclure que le peuple est souverain? cette conséquence seroit une grossière absurdité, il en résulte au contraire qu'une multitude, à cause de la collision des intérêts individuels, est dans la nécessité de se donner des chefs et des administrateurs, comme les plaideurs le sont de se donner des arbitres, et si les individus qui la composent peuvent voter pour celui-ci ou celui-là, c'est qu'ils sont des créatures libres et qui doivent obéir librement.

Il faut bien se donner de garde de confondre la souveraineté avec la liberté. La première est le droit qu'a un supérieur d'intimer sa volonté à son inférieur. La seconde est la faculté qu'a l'inférieur d'obéir ou de désobéir à cette volonté. Or, ces deux choses sont essentiellement distinctes; le pouvoir paternel est une souveraineté relativement aux enfans, et néanmoins il n'est pas d'enfant qui n'ait la faculté de s'y soustraire : or de ce que celui-ci peut désobéir à son père, il ne s'en suit pas qu'il soit souverain, mais seulement qu'il a une liberté dont il fait un bon ou un mauvais usage.

Souveraineté et liberté sont donc des choses incompatibles. Le souverain *n'est point libre*, et ne peut l'être, il ne peut jamais vouloir le mal, ni le faire. Un être libre au contraire, peut abuser de sa liberté et faire le mal; bien loin donc que celui-ci puisse être souverain, il est *sujet* et *dépendant* par l'essence des choses, et par cela même qu'il est *libre*.

Si cette distinction vous sembloit un peu abstraite, pour la saisir, il vous suffiroit de fixer votre attention sur l'exemple que je viens de citer : quand les enfans sont parvenus à l'âge de raison et en état de faire usage de leur liberté, ils n'acquièrent pas un droit égal au père, et ne partagent nullement l'autorité paternelle ; mais quelque soit leur âge et leur vertu, ils sont sujets libres de la famille, et tant qu'ils vivent avec le père, ils lui obéissent librement.

A la fondation de Rome, la distinction entre souverain et liberté fut faite de la manière la plus expresse : le pouvoir législatif et exécutif, qui seuls constituent le souverain, furent déférés à Romulus, et le peuple eut le droit de consentir les loix ; or ce consentement n'étoit que la liberté.

Ainsi, déjà dès sa naissance le peuple romain étoit libre autant qu'il pouvoit l'être, et certainement plus qu'il ne le fut dans la suite, quoique son chef fût souverain et portât le titre de roi (*).

____

(*) « Les premiers soins de Romulus furent d'établir différentes lois par rapport à la religion » et au gouvernement civil, toutes également nécessaires pour entretenir la société entre les

Je trouve aussi la même distinction formellement établie, dans le texte des anciennes
constitutions françaises (*), *lex fit consti-*

» hommes; mais elles ne furent publiées que
» du consentement du peuple romain. »
(*VERTOT Histoire des Révolutions romaines*)

(*) Voici comme s'exprime à cet égard le savant
Etienne Baluze, dans son édition des capitulaires
des anciens rois de France, préf. p. 5. « Après
« avoir parlé du nom des capitulaires, il convient
« d'examiner leur objet, et dexpliquer de quelle
« manière ils étoient faits, et quelles étoient les
« formalités nécessaires dans ces tems - là, pour
« leur imprimer le caractère irréfragable de loi
« de l'état. Charles-le-Chauve, le dit en un mot,
« dans l'édit de Pitres, chapitre 6, lorsqu'il at-
« tribue la composition de la loi au *prince*, et donne
» au peuple le consentement nécessaire pour lui
« donner force de loi, *lex fit constitutione regis,*
« *consensu populi*, la loi devient irréfragable par
« la constitution du roi et le consentement du peu-
« ple. Il est nécessaire d'expliquer ici ce qu'il faut
« entendre par le consentement du peuple, de peur
« que quelqu'un n'ait la témérité d'abuser de cette
« expression. Ce consentement ne consiste pas dans
« la délibération de la populace, mais dans le suf-
« frage des premiers de l'état qui sont les chefs du
« peuple; ils étoient effectivement les seuls, que les
« rois consultassent, lorsqu'il était question d'établir
« de nouvelles lois. »

tutione regis, consensu populi; enfin chez les nations les plus libres, et chez celles-là mêmes qui paroissent avoir commencé par un *pacte social*, je ne vois nulle part la prétention à la souveraineté du peuple, ce principe est entièrement moderne.

La distinction qu'on vient de faire entre souveraineté et liberté est ici décisive, elle explique tout ce qu'est la majorité relativement à la minorité, elle dit clairement tout ce que la première peut sur la seconde (*).

Je ne pense pas que l'on puisse avoir des idées plus nettes, plus claires sur la souveraineté, et je ne crois pas qu'il soit possible de décréter, dans termes plus précis, plus solemnels, la liberté d'une nation, *consensu populi*; il y a donc mille ans que le peuple français a été reconnu pour un peuple libre, mais non souverain.

(*) Une observation qui m'a singuliérement frappé dans l'examen de ces matières, c'est que des personnes respectables et qui ont écrit avec le plus de force contre les excès de la révolution, n'ont pas jugé à propos d'attaquer la maxime de la souveraineté du peuple, elles ont même pensé qu'il étoit dangereux d'engager cette question. Pour moi, bien loin d'adopter cet avis, je suis convaincu qu'il est dangereux de ne pas la traiter à fond, et que l'ordre pu-

Si celle-là est libre de se décider pour une forme de régime quelconque, celle-ci a, sans contredit, le même droit pour tout autre qui lui paroîtra plus convenable, sans que la première puisse employer contre la seconde aucune violence. Elle peut donc se séparer de la minorité sans que cela lui soit imputé à crime, sans qu'elle soit molestée dans sa personne ou ses propriétés. S'il en étoit autrement, ceux qui sont de la minorité, quelques honnêtes et respectables qu'ils soient,

---

blic ne sera jamais solidement établi tant qu'elle restera indécise.

Si le peuple étoit vraiment souverain dans le *principe de droit naturel*, nous serions contraints d'en admettre toutes les conséquences dans la pratique, et de dévorer tous les maux qui en résultent, il ne nous resteroit qu'à plier sous le fer de la nécessité; mais nous n'en sommes pas réduits là, si les effets de la souveraineté populaire sont la destruction de la société, c'est que le principe en est faux; pour le démontrer, il suffit de remonter aux élémens primitifs, de définir la souveraineté par excellence, et ensuite d'en faire l'application au peuple. Il suffit d'établir que la souveraineté *essentielle* ne souffre aucun partage, pas même avec la partie la plus saine du corps social, il suffit enfin de montrer que le peuple est essentiellement libre, et que *libre et souverain* sont deux contradictoires.

précisément parce qu'ils n'ont pas les opinions ou les intérêts de la majorité, deviendroient les esclaves de celle-ci. Pourroit-il exister un moyen plus destructif de toute sociabilité? Ne seroit-ce pas faire présider le monde par cette divinité qui dévore ses propres enfans? Telles sont cependant les conséquences du principe que nous combattons ; car si le peuple est souverain, la minorité n'a d'autre parti que celui de l'obéissance aveugle et d'une soumission sans bornes, quelle que soit la qualité des individus qui composent la majorité, quelle que soit la petitesse de la supériorité du nombre, quelle que soit enfin la loi qu'il lui aura plu de rendre. C'est ce qu'a fort bien senti J.-J. Rousseau dans ce passage fameux du Contrat Social, dont voici les termes :

« Le peuple, dit Grotius, peut se donner « à un Roi. Selon Grotius, un peuple est « donc un peuple avant de se donner à « un Roi. Le don même est un acte civil, « il suppose une délibération publique. Avant « donc d'examiner l'acte par lequel un peu- « ple se donne un Roi, il seroit bon d'exami- « ner l'acte par lequel un peuple est un peu- « ple ; car cet acte étant nécessairement an-

« térieur à l'autre, est le vrai fondement de
« la société.

« En effet, s'il n'y avoit pas de conven-
« tion antérieure, où seroit, à moins que *l'é-*
« *lection ne fût unanime, l'obligation pour*
« *le petit nombre* de se soumettre au choix
« du grand, et d'où, cent qui veulent un
« maître, ont-ils le droit de voter pour *dix*
« *qui n'en veulent point ?* La loi de la plu-
« ralité des suffrages est elle-même un éta-
« blissement de convention et suppose au
« moins une fois *l'unanimité.* »

On parlera plus au long ci-après du contrat social ; mais on ne peut détruire plus
formellement le systême de la souveraineté
populaire, qu'il ne le fut dans le texte qu'on
vient de citer (*).

─────────────

(*) Henneccius, jurisconsulte de Berlin, qui a
écrit sur le Droit de la nature et des gens, rapporte
un fait ancien qui me semble venir bien à propos
de la question que l'on traite ici.

Les Perses étoient en révolution et les états
avoient résolu d'établir la royauté. Un des principaux d'entr'eux nommé Otan, après cette délibération, se lève au milieu de l'assemblée et dit : vous
êtes décidés à nommer un roi, pour moi je renonce
au droit que j'ai à l'élection que vous allez faire,
ne voulant ni commander, ni obéir à aucun d'entre

Avant

Avant Rousseau, M. Bossuet avoit prouvé contre le ministre Jurieu, que peuple et multitude sont des choses bien différentes ; que celle-ci, étant un amas confus, sans ordre et sans règle, n'avoit aucun droit, que celui-là étant constitué, organisé, ayant ses lois, ses chefs, ne pouvoit plus agir comme multitude ; c'est assez dire que chez un peuple la majorité ne peut faire loi, puisqu'alors il n'y a plus de multitude.

—Selon vous, le peuple est passif ou sans volonté, et cependant l'histoire ne parle que des révolutions faites par les peuples ; or, voilà une contradiction bien formelle.

=Il n'est ici aucune contradiction, les révolutions qui ont eu lieu dans le monde ne sont pas venues du peuple, il n'a jamais été que l'instrument de ceux qui les ont faites. Tant qu'on ne l'a point soulevé

---

vous. Je demande seulement pour moi et les miens, qu'il nous soit permis de former une république indépendante. L'assemblée y consentit, et cette famille forma au milieu du royaume de Perse, une société à part qui a duré très-long-tems (*Hérod. liv.* 3 *pag.* 124.

Je cite ce fait singulier, pour prouver que chez les anciens on ne pensoit pas que la majorité pût faire loi à la minorité.

d'une manière ou d'une autre, il ne pense pas de lui-même à changer le régime sous lequel il existe.

Aussi l'expérience montre-t-elle, que quand il met la main à l'œuvre, ce n'est pas sa volonté qu'il exécute, mais toujours celle de quelques particuliers. Lisez l'histoire des révolutions, et vous verrez qu'aucune n'a été l'ouvrage *spontané et réfléchi* du corps de la nation, mais celui d'un très-petit nombre; il y a plus, que pour l'ordinaire elles se sont faites contrairement au vœu de la grande majorité.

Ce ne fut pas le peuple qui à Rome chassa les Tarquins et abolit la royauté; il est avoué par tous les observateurs que cette révolution fut l'ouvrage des familles patriciennes seules, qui voulant partager entr'elles l'exercice de la souveraineté, saisirent l'occasion de l'affaire de Lucrèce, et de l'absence de Tarquin, pour exécuter leur projet; et quel fut pour le peuple le résultat de ce changement? Au lieu d'un roi unique, héréditaire, il s'en donna deux ou trois mille, entre lesquels deux régnoient chaque année.

Toutes les révolutions de ce genre, quant

au fonds, ressemblent à celle de Rome, et
si vous en cherchez la raison, vous la trouverez dans la nécessité des choses elle-
même, ou plutôt dans l'ordre décrété par la
providence. En effet, si la multitude joignoit
à sa force la faculté ou le droit de se
mettre en mouvement, le monde moral ne
subsisteroit pas, les élémens qui le composent ne seroient plus en équilibre, il n'est
personne qui osât se charger du gouvernement, ou de la moindre fonction publique et
toute société seroit impossible. On a dit
souvent que c'étoit un pouvoir magique qui
faisoit obéir un régiment à la foible voix d'un
homme ou même d'un enfant.

Observez les loix de cet univers, tout y a été
distribué d'après les règles de la plus exacte
proportion ; ce qui a reçu de la nature la
force en partage et doit exister avec l'homme,
a été doué par elle d'une très-grande doci-
lité et soumission. Un extrême est toujours
balancé par un autre, telle est la règle immuable des choses. Le peuple est la masse de toutes
les forces, la réunion de tous les leviers, voilà
évidemment pourquoi il est passif de sa
nature.

Et s'il est jamais arrivé que sans aucune

4 *

impulsion étrangère venue des ennemis du gouvernement, la multitude paroisse s'être portée d'elle-même à une révolution, cela a tenu aux causes les plus violentes et tout à la fois les plus extraordinaires. Comme, par exemple, à une famine, à une peste, à une guerre, etc. ou aux malversations grossières des dépositaires de l'autorité : il faut alors que ceux-ci, par l'oubli des premiers devoirs, forcent tous les individus à se lever à la fois contre les coups de la tyrannie ; mais lorsque les choses en sont à cette extrémité, le tyran est le seul auteur de la révolution : il est lui, le véritable agent extérieur qui a donné l'impulsion sans laquelle le peuple ne se seroit pas mis en mouvement. On a beau déclarer que l'insurrection populaire est permise ou un devoir, ce décret est contre nature, jamais le peuple ne s'insurge de lui-même.

Quand les Suisses firent leur révolution, elle ne vint point originairement du peuple, ce fut le gouverneur Gheisler seul qui en fut l'auteur, en ordonnant à ceux qui passoient sur la place d'Altof, de saluer son chapeau mis au bout d'une pique, en condamnant Guillaume Tell à tirer une flèche dans une pomme placée sur la tête de son enfant, en faisant crêver les yeux au père de Meletal, etc. etc.

Ce furent ces actes de fureur et de délire, que nous aurions peine à croire (si beaucoup de faits n'étoient malheureusement plus vrais que vraisemblables), qui amenèrent cette révolution; mais si on remonte à sa cause première, on ne l'imputera jamais au peuple.

CONFÉRENCE V.

Qu'il est dans la nature une image parfaite de la Souveraineté par excellence : que tout autre modèle, d'après lequel les hommes voudroient la former, est contraire aux principes du droit naturel.

—Sɪ la souveraineté n'est pas dans le peuple, elle n'est nulle part ; car il est impossible de lui assigner une autre origine sur la terre, mais ce seroit là une absurdité.

= 1°. Si le peuple renferme en lui des élémens exclusifs de la souveraineté, il est bien plus absurde de forcer la nature des choses, et d'en faire sortir ce qui n'y est pas.

2°. Il est bien certain qu'il n'existe pas de souverain *de droit* entre des êtres indépendans les uns des autres ; mais il est évident aussi que la société ne peut exister sans une souveraineté de *fait*.

Ainsi, les hommes ayant été chargés par la

providence de former la souveraineté sans laquelle ils ne peuvent vivre en société, que doivent-ils faire? Cela est fort simple.

1°. Pour y parvenir, ils doivent rechercher si dans la nature même ils n'en trouveront pas le modèle; car si ce modéle est dans la nature, ce sera opérer à contre-sens, et se perdre dans des illusions, que de le chercher ailleurs.

2°. Ils doivent examiner, si la loi révélée n'a rien manifesté à cet égard, il est sensible que telles doivent être les dispositions d'un être moral, qui dans toutes ses opérations doit remonter au principe de sa moralité.

C'est pour avoir méconnu ou négligé ces deux règles que ceux qui ont voulu donner une autre origine à la souveraineté, se sont embarrassés dans leurs recherches, et ont été jusqu'à établir le despotisme, lequel se trouvera toujours dans les moyens pris hors de la nature. Cela posé, je dis :

1°. Toute nation a commencé par une famille.

2°. Il peut se trouver sur le globe, et sans doute il s'y trouve encore une population dont les membres viennent de la même souche.

3°. Il n'y a dans toute famille qu'un *seul chef.*

4°. Le pouvoir de ce chef a été sanctionné par une disposition positive de la loi révélée, en faisant aux hommes un commandement exprès d'obéir à leur père ; donc l'autorité paternelle est une image véritable de la souveraineté par excellence, et par conséquent le gouvernement de la famille, est le type originel de tous les gouvernemens.

Il n'est pas donné aux hommes de rien créer, comme je l'ai démontré dans la conférence sur l'imagination, et c'est pour cela que leurs plus savantes hypothèses, quand elles ne sont pas fondées sur l'essence des choses, porteront toujours à faux. Ils n'ont que la faculté d'imiter ce qui est pré-existant à eux, dans quel genre que ce soit, et la perfection de leurs ouvrages ne consistera jamais que dans le plus de rapprochement, ou le moins d'éloignement possible de ces premiers modèles.

Toutes nos sciences ne sont que les recueils des expériences que nous avons constatées, en observant les lois immuables de la nature, et dont nous tâchons ensuite de faire l'application aux cas particuliers qui intéressent notre bonheur.

La morale qui règle les actions des hommes est une série de conséquences dont tous les principes sont dans les perfections de l'être-suprême, la jurisprudence est le développement de l'attribut particulier de sa justice ; l'art d'administrer est l'image de sa providence qui assure les moissons ; enfin la politique n'est que l'art de trouver les moyens les plus propres à obtenir l'équilibre entre des parties inégales qui composent un tout moral, en soutenant le foible contre le fort. Cette science doit donc puiser ses règles et ses principes dans les établissemens déjà tout formés et organisés : c'est-là que sont ses bases, si elle va les chercher ailleurs, elle s'égare et se fourvoie.

Si, pénétrés de ces maximes, nous jettons nos regards autour de nous, qu'y voyons-nous ? nous y voyons un gouvernement primitif, indépendant du fait des hommes, où le chef pourvoit aux besoins de la petite société, rend la justice entre ses membres, repousse les aggressions du dehors, et n'attaque jamais que dans le cas d'une défense nécessaire : nous voyons que dans sa maison, le père en

tout pays remplit d'office les fonctions de la
souveraineté par excellence ; que si les chefs
de famille s'acquittent bien de leur devoir,
ils tiennent déjà l'ordre social, quand même
il n'y auroit pas d'autre gouvernement civil ; enfin que mieux ils s'en acquittent, plus
ils se rapprochent de l'être-suprême. Si ensuite nous continuons nos recherches, elles
nous apprennent qu'un village, une ville ne
sont autre chose qu'une réunion de ces petits gouvernemens ; que cette population ne
peut subsister sans un chef, lequel sera supérieur à tous les chefs particuliers, afin que
celui-là soit occupé seul de maintenir l'ordre
public, tandis que ceux-ci s'occuperont chacun en droit-soi, de le faire observer dans
l'intérieur de leurs familles. Nous voyons
que la mort de ce chef est toujours un grand
malheur que la loi s'empresse de réparer, en
donnant au plutôt à la famille un tuteur qui
remplace le père, et ne partage son autorité
avec aucun des enfans. En un mot, que
le grand état ne sera lui-même parfait que
dans sa conformité avec le petit, et ainsi
de principe en principe, nous conclurons :
*Le Gouvernement d'un seul est celui de la
nature.*

On objectera qu'il y a une grande différence entre un père et un chef politique,
oui, sans doute, cette différence existe comme
il en est une entre un modèle et sa copie ;
mais cependant ce sont les mêmes ressorts
qui font agir l'un et l'autre. C'est par l'a-
mour de soi que les hommes aiment leurs
enfans ; en travaillant pour ceux-ci, ils ne
font rien que pour eux-mêmes : quel est le
sort d'un père dont les enfans sont malheureux ?

C'est aussi par amour-propre que les chefs
des états travaillent au bonheur commun, s'ils
l'obtiennent, ils en jouissent plus que tout autre;
s'ils font le mal, il tombe sur eux les premiers.
Mais au surplus, si un chef d'empire n'a
pas les entrailles d'un père (parce que cette
identité n'est pas dans la possibilité des choses),
combien moins les aura une multitude de
chefs ?

Le grand objet de la science sociale, ainsi
que de toutes les autres, est de suivre la nature
du plus près qu'il lui sera possible ; or, le
seul moyen qu'elle a de s'en approcher, c'est
de concentrer les affections du cœur humain.

La société pour être heureuse a plus

besoin de sentiment que d'esprit (*); mais plus le sentiment sera divisé, dispersé, plus

---

(*) « Il sentimento, e *non lo spirito e* quello che ciguadagna lamicizia, degli uomini buoni ed onesti, che rinforza i nodi della societa, nodi preciosi, che qualche Volta lo spirito *si sforza di sciogliere e di lacerare* ». Morale del sentimento del albate *Isidoro Bianchi*, professore regio di Cremona.

Oui, quelquefois le sentiment est un guide plus sûr que l'esprit, et souvent celui-ci cherche à briser les liens les plus sacrés.

Il y a mille manières d'envisager notre révolution, mais quelqu'un a prétendu qu'elle étoit la guerre de l'esprit contre le génie. Je ne prononcerai pas sur cette proposition : mais ce qui est bien constant, c'est que les uns ont persécuté les autres, et que les hommes du premier ordre et vraiment grands, ne persécutent et ne proscrivent point.

Voltaire a chanté cette vérité dans ces beaux vers :

> C'est ainsi que la terre avec plaisir assemble
> Ces chênes, ces sapins qui végètent ensemble.
> Un suc toujours égal est préparé pour eux,
> Leur pied touche aux enfers, leur cîme est dans les cieux,
> Leur tronc inébranlable et leur pompeuse tête,
> Résistent, en se courbant, aux coups de la tempête :
> Ils vivent l'un par l'autre, ils triomphent des tems,
> Tandis que sous leur ombre, on voit de vils serpens
> Se livrer, en sifflant, des guerres intestines,
> Et de leur sang impur arroser leurs racines.

il s'atténuera, approchera de l'état de nullité,
et plus cette multitude de chefs sera mobile, moins la portion qui restera à chacun d'eux aura de consistance. On m'opposera le chapitre éternel des abus ; mais
c'est-là faire le procès aux hommes et non
aux principes. Quelques puissent être les
abus de la souveraineté, formée sur l'autorité paternelle, ils seront inférieurs à ceux
des systêmes opposés.... Mon assertion a
l'avantage d'être parfaitement concordante
avec la définition de la souveraineté par
excellence, et tant que celle-ci sera juste,
celle-là ne pourra être fausse.

On peut ajouter ici, 1°. que d'après les
monumens de l'histoire, le régime patriarchal est celui sous lequel ont existé les premières sociétés. Les peuples dans ces tems-
là, n'étoient que des grandes familles divisées
en petites, lesquelles reconnoissoient la même
origine, le même chef, et habitoient ensemble
sur un terrein donné.

Le gouvernement patriarchal, qui est l'ex-
tension de celui de famille, est donc la première forme politique qui a succédé à celle
de la nature.

Avec le tems, les nations s'étant fondues

les unes dans les autres, les états devinrent
de vastes empires, et le règne patriarchal
disparut. Mais cependant dans les pays qui
ont peu ou point de communication avec
les autres, on en voit encore des vestiges,
qui, bien que défigurés par les révolutions,
n'ont pu être entièrement détruites, et
attestent toujours que la souveraineté n'a sur
la terre de vrai fondement que l'autorité
paternelle. Toutes les rélations des voyageurs
ont trouvé ce pouvoir établi chez les nations
les plus incultes (*).

(*) Nous voyons qu'on descend par dégrés insensibles, des nations les plus éclairées, les plus po-
lies, à des peuples moins industrieux ; de ceux-ci à
d'autres plus grossiers, mais encore soumis à des
rois, à des loix ; de ces hommes grossiers aux sauvages, qui ne se ressemblent pas tous, mais chez
lesquels on trouve autant de nuances différentes que
parmi les peuples policés.

Que les uns forment des nations assez nombreuses
soumises à des chefs, que d'autres, en plus petite
société, ne sont soumis qu'à des usages ; qu'enfin
les solitaires les plus indépendans, ne laissent pas
de former des *familles* et *d'être soumis à leur père :*
un empire, un monarque, une famille, un père, voilà
les deux extrémes de la société. Ces extrémes sont
aussi les limites de la nature. *Buffon*, Histoire naturelle, tome 7.

2⁹. Si l'on considère avec attention l'état d'inégalité infinie, qui se trouve parmi les hommes , on reconnoîtra facilement que notre progression est bien plus dans l'ordre des choses que les conventions sociales (*). Celles-ci supposent toujurs une parfaite égalité entre les contractans ; mais cette égalité n'existe pas dans la société naturelle des hommes, laquelle, au contraire, est un aggrègat toujours composé d'êtres inégaux, tant au moral qu'au physique ; donc la société n'a pas commencé par un contrat , donc enfin la souveraineté n'est pas dans le peuple , et s'il y en a un modèle

-----

(*) Les conventions exigent une telle égalité entre les parties contractantes, que la jurisprudence a été obligée de poser pour règle. ... Que les contrats dans lesquels il y auroit inégalité d'âge, d'expérience entre les parties, ou même lorsque la situation morale de l'une d'elle, ne seroit pas égale, il y auroit ouverture à rescision, quoique d'ailleurs l'acte portât tous les caractères de régularité, et l'on sait que le plus grand nombre des procès dérive de cette source. Cela montre de plus en plus l'impossibilité du contrat politique.

dans la nature , c'est lui seul que le droit naturel nous prescrit d'imiter (*).

(*) Les lois qui ont donné aux pères droit de vie et de mort sur les enfans, ne dérivent point de la souveraineté par excellence, puisqu'elles sont contraires au principe d'amour et de sagessse.

CONFÉRENCE

CONFÉRENCE VI.

Sur le livre intitulé : Du Contrat Social.

L'AUTEUR de cet ouvrage suppose que les hommes ont été pendant un tems, isolés, vivans seuls, contre les élémens, les bêtes féroces, et même contre ceux de leur espèce ;

Que ne pouvant plus supporter une pareille existence, leurs maux et besoins communs les ont forcé à se rechercher, à se réunir ;

Qu'ainsi rassemblés, ils sont convenus de ce qui étoit nécessaire pour le maintien de la société naissante : que sans ce premier pacte, il n'est pas de société.

Il suppose que dans cette réunion, il y a eu au moins une fois l'unanimité, et que par cette délibération unanime, il a été arrêté que pour l'avenir la pluralité feroit loi.

Il conclut de ces principes, que les clauses

et articles de cette association sont les lois
fondamentales de l'état, et enfin que le corps
des associés, ou le peuple, forme le souverain.

Telle est la doctrine de ce livre vraiment fameux par les effets qu'il a produits,
ou au moins par ceux dont il a été le prétexte.

Elle a été jugée fausse par tous les bons
esprits qui ont médité sur la matière :
reconnue impraticable par ses propres partisans, et ce dont on ne peut douter, par
son auteur lui-même ; mais malgré tout
cela, le Contrat Social de Rousseau est
devenu un levier avec lequel on a bouleversé le monde.

Sa théorie est admise, au moins en apparence, par ceux-là même qui s'en éloi-
gnent le plus dans la pratique, et qui ont
le plus d'intérêt de s'en éloigner.

D'autres y prennent ce qui les favorise et
en rejettent ce qui ne leur convient pas ; enfin
on l'emploie pour et contre indifféremment.

Un ouvrage qui donne lieu à des contrastes aussi singuliers, qui a tant influé
sur la situation présente des choses, doit être
connu de ceux qui veulent s'instruire des

élémens du droit naturel : il faut leur apprendre sur quels principes un homme célèbre a
fondé la souveraineté du peuple, ce sera
l'objet spécial de cette conférence, ayant
déjà réfuté ailleurs d'autres maximes du
même livre.

1°. L'exposé du pacte social implique
contradiction dans ses propres termes.

2°. Il suppose continuellement en principe
ce qui est en question.

3°. Il est démenti par la nature de l'homme
et l'expérience.

4°. Il détruit la liberté et favorise le despotisme.

5'. Il renferme aussi des vérités certaines,
et qui elles seules démontrent toute l'inco-
hérence du système. Nous allons tâcher de
justifier ces assertions.

1°. Au commencement du chapitre 2,
des premières sociétés, livre 1er. l'auteur
s'exprime ainsi : « La plus *ancienne* de toutes
« les sociétés, la *seule naturelle* , est celle de
» *famille*

2". Dans les premières lignes du chapitre 6, nous lisons ce qui suit : « Je sup-
« pose les hommes parvenus à ce point où

5 *

« les obstacles qui nuisent à leur *conservation*
« *dans l'état de nature*, l'emportent par leur
« résistance sur les forces que chaque *indi-*
« *vidu* peut employer pour se maintenir dans
« cet état, alors cet *état primitif* ne peut plus
« subsister, et le genre humain périroit s'il
« ne changeoit de manière d'être. »

Il y a contradiction dans les *termes* de
ces deux propositions.

Dans la première, on reconnoit d'une
manière *formelle et explicite* .... *que la
plus ancienne des sociétés, la seule naturelle
est celle de famille.*

Dans la seconde, on appelle *état primitif*
celui où l'homme vit isolé, dans l'état de
nature, c'est-à-dire dans un état où il
existe non-seulement hors de famille, mais
encore sans aucune relation avec ses semblables.

Voilà, selon moi, ce qui est se contredire
dans les termes : il est impossible que l'homme
ait eu deux *états primitifs*, dont l'un soit
celui de famille, et un autre qu'on appelle de *nature* ou *d'isolement.*

Ces deux situations n'ayant pas existé
simultanément, celle qui a succédé à l'autre
n'est point *un état primitif*, mais un état

secondaire, et si elles ont eu lieu successivement, il faut expliquer de quelle manière l'homme est passé de l'une à l'autre.

Je ne sais si je m'explique assez clairement, mais la chose me paroît très-sensible.

Si l'on reconnoît la famille pour être *la plus ancienne société et la seule naturelle*, on reconnoît par là même qu'elle est le seul état primitif de l'homme; la famille est une société, donc la société est le véritable état de nature, et non l'état d'*isolement*.

2°. Le Contrat social est une pétition continuelle de principes; c'est-à-dire, son auteur suppose toujours prouvé ce qui est question.

En effet, voici les termes dans lesquels suit le chapitre 2 , dont le commencement a déjà été rapporté : « Les enfans ne « restent liés au père qu'aussi long-tems « qu'ils ont besoin de lui pour se conserver : « si-tôt que ce besoin cesse, le lien naturel « se dissout ; les enfans exempts de l'obéis- « sance qu'ils doivent au père, le père exempt » des soins qu'il doit aux enfans, rentrent « tous également dans l'indépendance. S'ils « *continuent* de rester unis, ce n'est plus « naturellement, c'est volontairement, et la « famille elle-même ne se maintient que par

« *convention*. Cette liberté commune est une
« conséquence *de la nature de l'homme*. Sa
« première loi est de veiller à sa propre con-
« servation, ses premiers soins sont ceux qu'il
« se doit à lui-même, et si-tôt qu'il est en
« âge de raison, lui seul étant juge des
« moyens propres à se conserver, devient
« par-là son propre maître.

Reprenons ce qu'il y a d'essentiel, et sur-
tout d'extrêmement grave dans ce texte : *dès le
moment que l'enfant n'a plus besoin de père,
il ne lui doit plus d'obéissance, et celui-ci
plus aucun soin.... si-tôt que celui-là est en
âge de raison, lui seul est juge des moyens
propres à se conserver. La famille ne se maintient que par convention.*

Sans doute voilà des propositions de la
plus sérieuse importance ; mais on ne trouve
la preuve d'aucune d'elles, dans le livre que
nous examinons, et d'abord *quelle est l'é-
poque où l'enfant n'a plus besoin de son
père ?*

*Quand sa raison le met-elle en état de
faire usage de ses forces ?*

*Dans quel tems est-il permis au père de
l'abandonner ?*

Le lien naturel qui existe entre le père

et les enfans, peut-il jamais se dissoudre ?

Est-il vrai que la famille ne se soutienne elle-même que par convention ? etc.

Voilà autant de questions majeures qui devoient être discutées avant d'être présentées en maximes de droit naturel, et c'est ce qui n'a pas été fait par l'auteur du Contrat Social. On peut donc conclure avec certitude que son ouvrage a pour base une pétition de principes.

3°. Le contrat social porte sur des hypothèses toutes d'une fausseté évidente. Certainement il est faux que l'homme puisse se conduire tout seul, ou se passer de guide aussi-tôt qu'il a l'usage de rai·on. Quand cette lumière se présente à lui, elle n'éclaire pas comme un soleil en plein midi, son commencement est un crépuscule très-foible, qui augmente peu-à-peu et par degrés insensibles; elle ne se fortifie que par le tems, l'exemple et l'expérience. Il y a donc bien loin entre le premier usage de la raison et le droit de disposer de soi-même. S'il est permis au père d'abandonner son enfant, dès qu'il apperçoit en lui quelques effets de la raison, ou quand celui-ci le prétend, il n'y a plus d'ordre moral, la paternité n'est qu'un acte physique, et la foi blesse de l'enfant une véritable monstruosité. Puisque l'homme reste foible pendant de longues années, et que cette foiblesse dure bien plus au moral qu'au physique, il est visible que la nature a voulu qu'il restât long-tems malgré ses forces, dans l'état de sujetion et tutèle.

Ces principes ont été sentis et reconnus dans tous les tems. L'époque où l'homme commence à faire usage de sa raison, où il naît à la qualité d'être moral, a été généralement fixée aux sept à huit premières années de sa vie; mais il est évident malgré cette fixation, que l'homme à l'âge dont nous parlons, ne peut discerner ce qui lui est bon ou nuisible, ce qui le conduit à la perfection, ou l'en éloigne, et il est même reconnu que plusieurs années après cette époque, il est encore incapable de faire ce discernement. Il est donc faux d'avancer, que les enfans sont exempts d'obéissance envers leur père, et que celui-ci peut les abandonner dès qu'ils ont acquis l'âge de raison.

Mais il y a plus, et reportons-nous au principe : il est manifestement contre nature, de supposer que jamais l'homme ait abandonné

l'état de famille pour vivre dans celui d'isolement, même en supposant qu'à la rigueur
il pourroit s'y soutenir, et s'il en est un
qui, de lui-même, ait pris un parti aussi
extravagant, il n'a eu ni sensibilité, ni
mémoire, ni raison, ni liberté, il a dégé-
néré de son être, il est tombé dans la condition des bêtes, ou plutôt il a été en démence complette. Ces vérités sont si palpa-
bles qu'il suffit de vous les indiquer, mais
pour les mettre dans tout leur éclat, consul-
tons l'expérience, et opposons ses résultats aux
noires et tristes abstractions du Contrat Social.

L'homme est attaché, au-delà de tout ce qu'on
peut dire, aux impressions, aux habitudes de son
enfance : rien ne peut le séparer des personnes
avec lesquelles il a passé les premières années
de sa vie. Il est si faux que le lien de la nature
se dissolve, au moment où cesse le besoin
physique, qu'au contraire d'autres affections
viennent en foule augmenter, renforcer ce
premier besoin ; ce n'est jamais qu'avec re-
grets, et ensuite des plus pénibles efforts qu'il
abandonne la maison paternelle, lors même
qu'il n'y est pas heureux, et qu'on lui offre ailleurs des avantages certains : il faut
pour le décider à les recevoir, que ses pa-

rens soient les premiers à l'y porter. Les liens qui unissent le père et l'enfant, ont ce charme indicible, qu'ils cachent sous des fleurs les épines de la vie ; et certes une providence spéciale l'a reglé ainsi , car autrement l'état de famille ne subsisteroit point chez les hommes.

Voyez l'enfant de la Savoie, observez-le, quand la première fois il quitte la chaumière qui l'a vu naître, où il n'a connu que peine, indigence, et la plus grossière nourriture. Il est disposé à l'avance, on l'entretient depuis long-tems du beau pays où on doit le conduire, du pain blanc qu'il y mangera... Le moment arrive, il ne veut plus partir, il se cache , ses petites jambes sont sans mouvement, il faut employer sur lui tous les moyens de la persuasion, enfin il ne partiroit pas sans la bande de ses camarades qui l'appelle, et sans la promesse de revenir bientôt : oui, bientôt, ce n'est qu'en répétant cette parole si douce et si tendre, qu'on l'arrache sanglottant des bras de sa mère et de sa sœur éplorées.

Voyez la jeune fille qui va donner sa main à l'amant le plus chéri, elle n'y consentiroit jamais, si on lui disoit que son mariage sera un adieu pour toujours à ses parens : des relations, des habitudes nouvelles, des plaisirs nouveaux, la distance des lieux et des tems, etc. tout cela loin d'affoiblir ce sentiment, ne fait que le rendre plus actif. Est-elle heureuse? Son bonheur est très-imparfait, si sa mère n'en est témoin, ou plutôt si elle n'en reçoit l'hommage.

A-t-elle des soucis, des chagrins, elle est privée de toute consolation, si elle ne peut confier ses peines au sein où elle a pris naissance. Diroit-on que tout cela est le produit d'une sensibilité physique, et non d'un jugement réfléchi? mais ce seroit une erreur de plus.

Quand le fils en âge de raison quitte son père, c'est dès-lors précisément qu'il est occupé de lui, ou plutôt que ces deux hommes le sont l'un de l'autre.

Quelque longue que soit leur séparation, ils se recherchent involontairement à des intervalles immenses, et se nourrissent chaque jour de l'espérance de se revoir.

Le moment de la réaliser est-il venu? Quels sentimens dans le fils qui revient! ils s'aggrandissent à chaque pas, et son cœur ne peut les contenir. S'approche-t-il de l'objet de ses vœux, il en demande compte à tout ce qui s'offre à ses yeux, il veut que la nature entière partage sa crainte et son espoir.

Arrivé sur le seuil paternel, un saint respect s'empare de lui, il entre dans le sanctuaire de la divinité, ses mains tremblantes n'osent l'ouvrir ; enfin le voilà dans les bras de celui qui depuis son départ absorbe ses pensées, sans proférer une seule parole, tout ce qu'il peut, c'est de le presser contre son sein, tous les vieux torts sont dans l'oubli ; le fils naît une seconde fois, ce jour mémorable est une fête pour toute la famille ; on tue le veau gras.

Ces événemens ont quelquefois produit des crises impossibles à décrire : des mères ont été retirées mortes et suffoquées par la joie, d'entre les bras d'un fils qui avoit été perdu pendant long-tems.

Telle est la loi de notre perfectibilité : loin d'affoiblir les liens qui unissent les enfans au père, quand le besoin physique n'existe plus, elle les resserre et leur donne une vertu nouvelle. La tendresse qui n'est d'abord que de l'instinct, devient avec la réflexion, devoir, amour, respect, reconnoissance, et ces sentimens ne meurent pas avec ceux qui les ont inspirés ? non, ils vivent sur leur tombeau et croissent sur le marbre qui couvre leurs cendres... Sont-ce là les effets d'une convention? permettent-ils de prononcer que la famille ne se *maintient que par un pacte? que le lien naturel se dissout aussitôt que le besoin n'existe plus?* Toutes ces propositions ne sont-elles pas démenties par ce que chacun de nous a éprouvé? Les contrats se font et se défont par la volonté des parties; est-il au pouvoir des hommes de former ou dissoudre les rapports dont nous venons de parler? n'existent-ils pas sans eux, indépendamment d'eux et malgré tout ce qu'ils pourroient faire au contraire?

Si la famille n'existe que par convention, les qualités de père et de fils sont des mots vuides de sens, la convention a mis de niveau tous les membres de cette société, il n'y a plus d'autorité paternelle, etc. etc. voilà tout ce qu'il a fallu abattre et détruire, pour donner quelque vraisemblance à la souveraineté du peuple.

4°. On a prouvé que les maximes du Contrat social renferment contradiction; qu'elles sont démenties par les affections les plus constantes du cœur humain. Il reste à montrer qu'elles sont destructives de toute

liberté. Ce dernier résultat est fort simple ,
il est la conséquence naturelle d'un principe qui place la souveraineté dans la
multitude ou majorité , et j'ai déjà établi que cette mesure amenoit le despotisme ;
mais si la preuve de cette dernière assertion n'étoit pas encore complette , il
suffiroit de lire le passage suivant du
Contrat Social lui-même , chap. 6, *de la
loi.*

« Le peuple doit être l'auteur des lois aux-
« quelles il se soumet, il n'appartient qu'à
« ceux qui s'*associent*, de *régler* les condi-
« tions de la société . . . . » Et puis il s'écrie :
« . . . . Mais comment les régleront-ils ? com-
« ment une multitude aveugle, qui souvent
« ne sait ce qu'elle veut, parce qu'elle sait
« rarement ce qui lui est bon, exécuteroit-
« elle d'elle-même, une entreprise aussi diffi-
« cile qu'un systême de législation ? De lui-
« même le peuple veut toujours le bien,
« mais de lui-même il ne le voit pas tou-
« jours ; la volonté générale est toujours droite,
« mais le jugement qui la guide n'est pas
« toujours éclairé ; il faut lui faire voir les
« objets tels qu'ils sont, quelquefois tels
« qu'ils doivent lui paroître, lui montrer le

« bon chemin qu'il cherche, le garantir de
« la séduction des volontés particulières. »

Voilà le tableau que Rousseau fait de la
multitude; mais que sera-ce donc que la loi
de pluralité dans le rassemblement dont il
vient de nous faire la description, sera-t-elle
autre chose que le droit du plus fort?
Ne sera-ce point faire le modérateur
des élémens qui doivent être modérés?
C'est aussi ce qu'a parfaitement bien senti
ce philosophe; car après avoir fait le tableau d'un peuple, présenté combien il est
aveugle et incapable, il en conclut la nécessité d'un législateur....

Mais n'est-ce pas là, après bien des cir-
cuits et des détours, en revenir à montrer la
nécessité du gouvernement d'un seul. En effet,
toute sa prétendue souveraineté du peuple, se
réduit pour celui-ci à donner son consentement
aux lois qui seront proposées par le *Législateur* ou *Souverain ;* mais comment donner
le titre de *souverain* à une aggrégation destituée de jugement et de volonté, qu'on reconnoît dans l'impuissance de se diriger par
elle-même, que l'on juge n'être susceptible
que de consentement ou de refus; cela est
bien contradictoire avec l'idée de la sou-

veraineté par excellence, idée d'après laquelle il n'est aucune différence entre *Législateur* et *Souverain*.

Voilà, selon moi, ce qui est détruire d'une main ce qu'on a édifié de l'autre.

Le droit de consentir la loi ou de la rejetter, ne peut être autre chose que la faculté dont jouit un être libre et moral, de rester sous le gouvernement où il se trouve, ou d'en sortir; mais ce droit ne peut être la faculté d'empêcher ou d'entraver l'action de la souveraineté, autrement celle-ci seroit nulle, et l'on confondroit toujours la liberté avec la souveraineté, confusion qui est une source féconde d'erreurs, et contraire au droit naturel.

Conférence

CONFÉRENCE VII.

Sur la représentation de la souveraineté.

—La souveraineté du peuple ne produit pas les effets que vous avez prétendu ; sans doute, il ne peut se gouverner lui-même, c'est un principe universellement reconnu aujourd'hui chez les nations civilisées ; mais il nomme des mandataires, des représentans, des magistrats ou des électeurs : aussitôt que l'élection est faite, le peuple le plus souverain est sujet, comme tout autre, avec cette différence bien grande, qu'il obéit librement aux hommes qu'il a jugés dignes de sa confiance ; or, il n'est rien dans ces maximes qui ne soit parfaitement conforme à la vérité et à l'essence des choses, elles sont mêmes les seules qui conviennent à un être libre et moral.

= 1°. Si l'on avoue que le peuple ne peut se gouverner par lui-même, je ne vois pas pourquoi l'on veut absolument le gratifier de la souveraineté.

Est-il rien de plus inconséquent, de plus absurde que de qualifier de souverain celui qu'on avoue incapable de rien faire ? n'est-ce pas bouleverser les notions les plus simples ? Cela n'est-il pas contradictoire avec la définition de la souveraineté par excellence dont vous avez reconnu la justesse, et laquelle principalement consiste dans l'exécution ?

La souveraineté n'est pas seulement indivisible, elle est aussi inaliénable de sa nature, et non susceptible de représentation.

C'est une vérité que la force de la logique a obligé Rousseau de reconnoître. Si ce philosophe fait le peuple souverain, il entend qu'il exercera la souveraineté par lui-même, et il va jusqu'à dire : « A l'instant où le peuple « se donne des représentans, *il cesse d'être* « *libre, il n'est plus.* »

2°. Si vous recherchez ce qu'est un législateur, il vous sera démontré qu'il n'est ni mandataire , ni représentant, et qu'il y a opposition réelle entre ces expressions et la chose qu'elles signifient (*).

____

(*) L'abus des mots a toujours causé les plus grands désordres. Le mal s'est insinué dans ce

L'ouvrage de la législation ne peut former la matière d'un contrat, ni être assimilé en rien à la gestion des affaires courantes de la société.

Le mandataire est un homme entièrement subordonné à son mandant, celui-ci, à toute minute, peut révoquer celui-là, le poursuivre en jugement, le faire condamner, s'il abuse de son pouvoir, etc. or, nul de ces rapports ne se trouve entre un peuple et son législateur. En effet, que ce dernier vienne à rendre une mauvaise loi, une loi qui produise mille inconvéniens, eh bien! existe-t-il contre lui aucun des moyens qui appartiennent au mandant contre son mandataire? Point du tout.

Le législateur est un homme reconnu par ses concitoyens, supérieur en lumières et en vertus, et à qui ils ont accordé une confiance sans bornes. Cette reconnoissance seule le rend

---

qui intéresse le plus la vie et la société humaine, ayant obscurci, embrouillé les vérités les plus importantes, jetté le désordre et la confusion dans les affaires du genre humain. (*Lock*, *de l'entendement humain*, chap. 10.)

6 *

inviolable, sans qu'il soit besoin de le déclarer tel par décret. L'inviolabilité est attachée par l'essence des choses au sublime ministère dont on l'a revêtu, et quand il vient à se tromper, c'est une erreur, appanage de l'humanité, pour laquelle il n'est sujet à aucune recherche, car si la reconnoissance de son mérite et la nomination de sa personne l'ont fait inviolable, elles ne l'ont point rendu infaillible.

Les peuples les plus jaloux de leur liberté, et qui dans les derniers tems ont été pris pour modèles, ont professé ces maximes. Ils n'ont pas donné aux hommes nommés pour leur faire des lois, la qualité de représentans ou de mandataires, mais ils les ont appellés *gérontes*, *mages*, *pères conscrits*, *sénateurs*, etc. tous titres de respect, qui nous prouvent bien que les anciens avoient sur la souveraineté des notions plus justes que les modernes, qu'ils savoient distinguer entre liberté et souveraineté, enfin qu'ils ne regardoient celle-ci que comme l'autorité paternelle ou son image. Et ne croyez pas qu'on élève ici une vaine dispute de mots, non : il s'agit dans l'exacte vérité des principes les plus essentiels à l'ordre social, qui doivent être développés dans les livres élémentaires, et là sur-tout où ils ont été détruits. S'ils sont une fois bien sentis et bien connus, ils produiront dans la société des avantages inestimables.

Les hommes les plus simples, les plus bornés, sans savoir ce que c'est que *législation* ou *souveraineté*, sauront au moins qu'elle est une tâche très-difficile, très-pénible et qu'un législateur ne peut jamais se comparer au représentant ou procureur dans une affaire particulière ; mais c'est dans les républiques et principalement dans les démocraties que ces bienfaits seront les plus sensibles.

Persuadé que la souveraineté sur terre ne peut être que la représentation de celle par excellence qui est dans l'être suprême, le peuple électeur choisira pour ses magistrats, les hommes qui par leurs vertus lui en retraceront mieux l'image. Et pour les états où la souveraineté est héréditaire, ceux qui y seront appelés auront appris dès l'enfance que leur unique destination est de représenter la divinité ; que les noms de majesté, d'altesse, etc. et les insignes dont ils sont décorés, ont été déterminés par l'ordre des choses, que toutes ces dis-

tinctions morales, faites dans l'intérêt public,
doivent leur rappeler à chaque instant les
plus grandes et les plus salutaires vérités,
comme dans l'ordre spirituel, le titre véné-
rable de sainteté, que l'on donne à son
chef, lui rappelle ce qu'il est, ou doit être
à l'égard de tous les autres. Il est évident que
plus ces maximes seront mises en pratique,
plus les peuples respecteront les dépositaires
de l'autorité, plus les magistrats auront une
grande idée d'eux-mêmes, plus enfin ils respecteront la liberté de leurs concitoyens.

Si, au contraire, il est admis en principe
que le peuple est souverain, *même de droit*,
les avantages dont nous venons de parler
s'évanouissent tout-à-coup : 1°. à moins
que la chose ne soit absolument imprati-
quable, il voudra exercer la souveraineté
de fait, et dans ce cas, le corps politique se trouvera du plus au moins dans la
situation décrite ci-dessus. Bien loin d'appercevoir les inconvéniens qui en résultent,
il croira que cette prérogative est pour lui
le bien le plus précieux, le *palladium* de
son bonheur. Il fera donc en masse tout
ce qu'il pourra faire à la rigueur, et
quand il nommera des représentans, c'est
qu'il y sera comme physiquement forcé.

2o. Le peuple est-il par sa quantité dans l'impossibilité physique d'exercer par lui-même sa souveraineté, il la déléguera à des mandataires; mais si la population est grande et le territoire étendu, les sections nécessairement seront multipliées et chacune d'elle aura son représentant : or, voici ce qui en résultera.

La règle en matière de mandat, établie par la nature de cette convention, c'est que le mandataire doit être muni des pouvoirs de son mandant; mais étant impossible qu'un grand nombre de pouvoirs soient d'accord entr'eux, et qu'une machine aussi compliquée puisse s'organiser et se mettre en mouvement, on cherchera à la simplifier, l'on arrêtera donc que le peuple nommera des représentans sans pouvoirs, en sorte que la souveraineté pleine et entière, sans aucune restriction, se trouvera placée dans une assemblée nombreuse, composée d'hommes, de pays, de mœurs, de principes différens, etc.

Je ne sais si le principe d'ordre peut être ainsi constitué, mais certainement une telle constitution n'est point d'accord avec le sens que le mot *souverain* présente à la première réflexion, et si je recherche où est son modèle, je ne le trouve nulle part que dans la divinité de Spinosa.

Oui, si la sainte et auguste souveraineté a été dans les hommes qui ne l'ont représentée que par des crimes, et n'ont regné sur terre que comme des volcans, vous devez reconnoître avec moi que la divinité se trouve également dans les tigres et les crocodiles , il est impossible que votre principe soit vrai, que ma conséquence ne le soit aussi.

Telle est la liaison intime qu'ont entre elles les parties de l'ordre moral, si vous en admettez une, vous devez les admettre toutes. Mais puisque par un bienfait que nous ne pouvons assez reconnoître, la souveraineté se rétablit tous les jours sur ses véritables bases, et que les hommes les plus éclairés travaillent à ce grand ouvrage , n'est-ce pas un devoir pour tout citoyen d'y contribuer de toutes ses forces? c'est toutefois ce que j'ose faire, autant que mes foibles moyens me le permettent, en exposant sur cette matière en faveur de la génération qui va nous suivre , les élémens indestructibles du droit naturel.

Une grande question sur laquelle on dispute beaucoup aujourd'hui, et sur laquelle la philosophie aura long-tems à s'exercer, est celle de

savoir quelles sont précisément les causes,
(je ne dis pas de la révolution) mais des
excès qu'elle a enfantés. Ces excès sont d'une
telle nature dans la classe même des crimes,
qu'on ne peut les expliquer par les travers
de l'imagination, ou par ce que l'on diroit, la
portion de méchanceté qui entre dans le cœur
humain. Et la difficulté augmente, quand on
observe qu'ils n'ont pas été commis chez des
sauvages, mais au milieu de la nation qui a,
sans contredit, les mœurs les plus douces de
l'Europe, et a fait les plus grands progrès dans
la perfection sociale. Pour moi, j'ai la conviction que la souveraineté du peuple est la cause
primitive de ces forfaits. Ce principe a la
vertu de tout décomposer, de tout dissoudre.
Il a engendré la déesse armée de torches; *quæ
sævas procudit enses, et miseras inimicat
urbes*, et c'est ce que l'expérience n'a que trop
justifié; il a fait chez un peuple voisin les mêmes
ravages, et il les renouvellera encore toutes
les fois qu'on le jetera dans la société (*).

(*) Si la souveraineté du peuple n'a pas fait
ailleurs les mêmes ravages qu'en France, c'est
à la présence des armées françaises que l'on y est
redevable de ce bienfait.

Quand dans un monde d'êtres moraux, tous les principes qui constituent sa moralité sont détruits, altérés ou dans un état de confusion, une révolution est inévitable, on ne l'arrêtera pas quoique l'on fasse, (et nous en étions réduits là); mais ce mot en lui-même n'a rien qui doive effrayer, la chose étant devenue forcée, tout dépend du principe qui lui donnera la direction, tout consiste à savoir si elle se fait conformément aux régles immuables du droit naturel, ou dans un sens contraire. Au premier cas, ses effets deviendront salutaires, et il n'est pas d'honnête homme qui n'y doive coopérer, même par des sacrifices. Au second, elle ne peut qu'entraîner dans de nouveaux malheurs, et creuser de plus en plus le précipice.

Ainsi une révolution dont le principe fondamental a été de mettre la souveraineté dans le droit du plus fort, ou l'aveugle fortune, n'a pu engendrer que le faux et le mal. *Abyssus abyssum invocat.*

Fin du troisième Livre.

LIVRE QUATRIEME.

JE vous ai expliqué dans le troisième livre l'essence et l'origine de la souveraineté, et montré quelle est son image sur la terre; je rechercherai dans le quatrième, ce que la souveraineté doit procurer à des êtres moraux, sous les noms de liberté et d'égalité, quels sont les gouvernemens où il y a réellement le plus d'égalité et de liberté, quels sont ceux dont les chefs peuvent le mieux, ou avec le moins d'obstacles exercer les vertus de la souveraineté par excellence.

CONFÉRENCE PREMIERE.

Sur la nature de la liberté sociale.

A ce mot tous les hommes se réveillent et s'animent comme à l'aspect d'une belle aurore, ou au son d'une voix mélodieuse.

L'habitant du hameau, celui de la ville, le pauvre, le riche, l'ignorant, le lettré, etc. tous à ce seul mot se réjouissent, tous éprouvent le sentiment d'un espoir doux et flatteur; qu'est-ce donc que ce mobile ou ce talisman qui a tant de charmes sur le cœur humain? La réponse est simple: c'est la félicité à laquelle un être perfectible tend sans interruption par la loi de sa nature, et que l'on a figurée sous le nom de liberté. Celle-ci est au moral ce que l'air est au physique, sans elle il n'est pas de biens, ou ces biens sont nuls; voilà pourquoi elle a été prise généralement pour le bonheur lui-même, c'est l'effet qui a été confondu avec sa cause.

La liberté représente tellement la prospérité du monde, que sa mesure est devenue une échelle de proportion sur laquelle sont comptés tous les dégrés de perfection sociale. Dans toutes les langues, on n'estime le bonheur de l'homme que sur la liberté dont il jouit. Toutes les distinctions, tous les privilèges que le principe de perfectibilité a introduits chez les peuples civilisés, pour récompenser la vertu, ou y exciter par l'émulation, n'ont été et ne sont exactement

que des reconnoissances du bon usage de
la liberté, comme les moyens mis en usage
pour réprimer les méchans, et les peines infligées au vice ne sont que les restrictions gra-
duelles de cette faculté, et la plus rigoureuse
de ces peines, la captivité, en est la privation totale.

La même mesure a été employée pour
exprimer la situation politique des peuples,
et apprécier les progrès que chacun d'eux
a fait dans la civilisation. Nous appellons
heureuses ou civilisées, les nations libres;
malheureuses ou barbares, celles non encore
en état de jouir de la liberté, ou à la liberté
desquelles la souveraineté se voit encore obligée de mettre des restrictions; nous appellons esclaves les peuples qui en sont entiérement privés, enfin nous disons que l'esclavage
est le dernier anneau de la chaîne sociale,
le point extrême de la ligne politique.

Dans tous les tems, les choses ont été ainsi
réglées, ce qui prouve sans doute un ordre
établi par la nature elle-même.

Les anciens qualifioient *d'homme libre*,
non seulement celui qui étoit tel par le fait
de sa naissance, mais sous un rapport plus
noble, plus moral, celui qui étoit distingué par

ses vertus et ses lumières, et dans ce sens, Esope, Epictete et autres, ont toujours été des hommes libres.

Cicéron ne manque pas de parler dans le même esprit toutes les fois qu'il en a l'occasion: on connoît les termes employés par lui, toutes les fois qu'il parle des choses dignes d'être recherchées par l'homme sage... *Nihil homine libero dignus*, etc. et toute l'antiquité civilisée a pénsé comme cet orateur.

Ces maximes se sont perpétuées d'âge en âge, et à travers les révolutions des opinions, elles ont passé dans toute leur intégrité chez les nations modernes. La liberté a toujours été la récompense que celles-ci ont accordé aux hommes qui ont bien mérité de la patrie.

Si les anciens Germains, dont les Francs sont originaires, et dont toute l'Europe a pris les institutions depuis la chûte de l'empire romain, appelloient libres les premiers personnages de leur nation, ceux d'aujourd'hui donnent encore le titre de *frei-herr, de maître libre* (*), à des hommes d'une

______

(*) *Frei-herr liber baro, mediæ inter comites et vulgus nobilium conditionis. Propè liber dominus.*

naissance très-distinguée ; et si nous obser-
vons les choses plus que les mots, nous avoue-
rons que tous les titres qui ont été inventés
depuis, n'ont rien ajouté, ni même pu ajouter à celui-là. En effet, la souveraineté, sous
l'attribut de la justice distributive peut-elle
donner à un être moral une distinction plus
flatteuse et plus juste tout-à-la-fois? le déclarer
homme libre, n'est-ce pas reconnoître solem-
nellement qu'il a fait usage de sa liberté pour
le bien de tous, n'est-ce pas l'obliger, par
le moyen le plus naturel et le plus efficace,
de continuer d'en faire le même emploi?

Il suit de ces observations que liberté
naturelle et liberté sociale sont des choses

Olim liberi domini dicebantur soli principes *quod
essent inter homines liberos primi. Jus prov. Alam.
cap. XX. 5. Es git der Fri-herr sinem uuibe das uuol
huundert marck giltet , ich main fürsten und
ander Fri-herren.*

Liber dominus uxori suæ fortè dat morgengabam
centum morcas valentem *, loquor autem* de principi-
bus *, et aliis liberis dominis. Puta primis in ordine
libertatis et suprà medios constitutis. Sed posteritas
tribus illis gradibus de quibus supra , non contenta
plures effinxit, et nuper addidit, summo libertatis
titulo in minores derivato.*

Glossarium germanicum verbo Frei-herr.

différentes et qu'il faut bien distinguer.
1°. La première est cette faculté en vertu de laquelle l'homme a le pouvoir de faire telle action plutôt que telle autre, de se décider pour le bien ou pour le mal, c'est le libre arbitre : nous en avons traité dans le premier livre. La seconde, est l'ensemble de tous les avantages qu'il doit retirer de la république, en qualité de citoyen, c'est toute la *justice*, c'est toute la *protection* qui lui est due par le gouvernement.

Cette liberté, appellée *civile* par l'usage, est l'unique fin de toute institution humaine; sans elle, point de souveraineté, point d'ordre social. Ceci est fort clair, mais ce qui ne l'est pas autant, et a donné lieu à de grandes difficultés, c'est que selon divers auteurs, la liberté civile ne peut exister ou qu'elle n'a point de garantie, sans la liberté politique, voilà le sujet d'une grande dispute. Nous allons donc examiner cette question importante, la soumettre aux principes et à l'expérience.

La *liberté politique*, prise dans toute son étendue, est le droit qu'a le citoyen de concourir personnellement à la formation même de la loi du pays qu'il habite.

C'est l'état où il se trouve quand il

a droit d'être appellé à toutes les délibérations relatives à l'intérêt public, celui où tout un peuple est assimilé à une société particulière, dans l'administration de laquelle chaque associé peut intervenir. En d'autres termes, c'est l'exercice plein et entier de la souveraineté populaire.

Ainsi, 1°. ces termes *liberté politique* sont des expressions fort impropres, et en opposition avec la chose qu'ils représentent.

2°. Liberté politique et liberté civile, sont des objets extrêmement opposés.

3°. La liberté politique n'entre pas essentiellement dans la composition de l'ordre social, elle n'est qu'un moyen et non une fin.

4°. Un peuple peut jouir de la liberté politique, et n'avoir pas la civile, c'est ce qui arrivera dans une démocratie qui sera *illimitée*, mais qui aura de mauvaises lois civiles et criminelles (il y en a eu de cette espèce, et il y en a encore).

5°. Un peuple peut jouir d'une excellente liberté *civile* et n'avoir pas la politique, et c'est ce qui arrivera, s'il a de bonnes lois civiles ou criminelles, quoiqu'il n'ait aucune part au gouvernement. Nous en avons aussi de grands exemples.

Tome II.   7

6°. La liberté politique n'existe qu'au détriment de la liberté civile, ou plutôt l'une est la mort de l'autre. Il est impossible par l'essence des choses de réunir à la fois, et la souveraineté et la liberté. Ces deux élémens sont contraires, celui qui est souverain n'est plus libre, et celui qui est libre ne peut être souverain , l'un est exclusif de l'autre. La liberté est nécessairement l'attribut d'un être inférieur, et la souveraineté celui du supérieur de cet inférieur.

Que la liberté politique et la civile soient incompatibles, c'est ce que montre la seule considération des principes, mais c'est aussi ce qui est justifié par les faits, écoutons là-dessus l'auteur du Contrat Social.

« Chez les Grecs, tout ce que le peuple
« avoit à faire, il le faisoit lui-même, il
« étoit sans cesse assemblé sur la place, il
« habitoit un climat doux, il n'étoit point
« avide, des esclaves faisoient ses travaux,
« sa grande affaire étoit sa liberté.... Quoi! la
« liberté ne se maintient qu'à l'appui de la
« servitude! peut-être ces deux éxcès se tou-
« chent. Tout ce qui n'est pas dans la nature
« a ses inconvéniens, et la société civile plus
« que tout le reste. Il y a telles positions

« malheureuses où l'on ne peut conserver sa
« liberté qu'aux dépens de celle d'autrui, et
« où le citoyen ne peut être parfaitement li-
« bre, que l'esclave ne soit extrêmement es-
« clave. Telle étoit la position de Sparte. »

Si ce que Rousseau vient de nous apprendre de la liberté politique des Grecs, est vrai,
si elle ne peut exister sans que la moitié de
la société ne soit extrêmement opprimée par
l'autre, n'a-t-il pas lui-même prouvé notre
assertion, c'est-à-dire que la liberté politique est la mort de la civile? Puisque la liberté politique de ces peuples étoit *leur unique affaire*, qu'ils étoient continuellement
sur la place pour exercer leur souveraineté,
ils n'avoient point la liberté *civile*, l'une
absorboit l'autre, et c'est encore ce qui est
confirmé par les expressions du même auteur,
quand il s'écrie... «Quoi! cette liberté ne se
« maintient qu'à l'appui de la servitude, elle ne
« peut exister sans que la moitié de la société
« ne soit extrêmement opprimée par l'autre! »

Si cela est ainsi, Rousseau a démontré lui-
même que la liberté politique n'est autre chose
que l'abus le plus révoltant de la force, ou le
despotisme le plus affreux. Qu'est-ce en effet,

que celui-ci , sinon une situation où tout est contre nature, où les extrêmes se touchent, où le citoyen ne sauroit être parfaitement *libre* , que l'esclave ne soit extrêmement *esclave* ? Qu'est-ce enfin que la tyrannie, sinon l'état dont il vient de nous faire la description ?

Que telle ait été l'opinion de ce philosophe, c'est ce dont il n'est pas permis de douter quand l'on observe le sarcasme qu'il jette à pleines mains sur les Spartiates, dans les termes suivans (car, sans doute, il n'a pu avoir d'autre intention), *ce peuple n'étoit point avide, des esclaves faisoient ses travaux*, etc. En vérité, comme devoit être peu avide cepeuple qui faisoit faire tous ses travaux, ne labouroit pas ses terres, n'exerçoit aucun métier.

Comme étoit vertueuse une nation qui ne pensoit qu'à la guerre, dont la seule occupation, en tems de paix, étoit de politiquer sur la place, et se promener sous des portiques. Comme étoit bon ce peuple dont la moitié, pour être libre, écrasoit l'autre. Ah ! disons vrai, il étoit ce que nous avons vu plus haut, poli, barbare, aimable, cruel tout-à-la-fois (et il devoit être ainsi), il n'avoit que la liberté politique en tête, l'exercice de la souveraineté étoit sa grande affaire, et il ne pouvoit la soutenir que par tous les extrêmes.

Telle étoit la situation des anciennes républiques si vantées, et telle a été celle des peuples qui les ont imités ; oui , dans tous les tems (sous d'autres noms, mais dans l'exacte vérité), ceux qui les ont pris pour modèles , ont eu leurs hommes libres et leurs ilotes ; toujours ils ont manqué la liberté civile, pour avoir voulu jouir de la liberté politique. Ces vérités sont fondées sur la nature des choses , mais n'en avons-nous pas nous-mêmes fait une expérience qui ne s'oubliera jamais ?

Rappellez-vous ce qui s'est passé au milieu de nous, et ce dont vous avez déjà pu être témoins, *liceat nobis, celebrare domestica facta.*

On nous a mis à la grecque, on nous a donné la liberté politique , que s'en est-il suivi ? Tous les extrêmes ont eu lieu. Quelques-uns d'entre nous , selon les expressions du Contrat Social, ont été extrêmement libres, tous les autres ont été extrêmement opprimés. Enfin, pour nous avoir élevés à la liberté politique, l'on a entièrement tué notre liberté civile, et si aujourd'hui nous avons reconquis celle-ci, c'est qu'on nous a débarrassé du fardeau de celle-là, et que l'on nous a fait rentrer dans les termes du droit naturel.

— Quels sont ceux qui jouissent de la liberté politique ?

= Dans les démocraties, ce sont ceux qui ont le droit de cité.

Dans les aristocraties, c'est la classe qui a seule part au gouvernement.

— Il y a donc des nations qui aujourd'hui exercent encore la souveraineté par elles-mêmes, or ce fait dément tout ce que vous avez dit sur les effets de la liberté politique. Si vos assertions étoient vraies, ces peuples n'auroient pu exister si long-tems, ni être si heureux.

= Oui, il y a des nations qui ont paru autrefois, et qui encore aujourd'hui parois-sent jouir de la liberté politique, ou exercer la souveraineté; mais nous allons prouver par l'histoire, et l'étude des faits, que ce n'est-là qu'une apparence fausse et destituée de toute réalité.

CONFÉRENCE II.

Que la liberté politique est une chose impossible dans le droit, et que dans le fait le peuple le plus démocrate, n'a jamais exercé la souveraineté; que dans la démocratie absolue, il n'y a pas de gouvernement, conséquemment ni souveraineté, ni liberté.

NOUS avons démontré que le peuple, de sa nature, ne peut être souverain; cependant il est des nations dont la constitution a été fondée sur ce principe.

Dans ces états, le peuple nomme des magistrats pour rendre la justice; des députés pour les réglemens des affaires publiques; il forme un tribunal suprême où se porte en dernier ressort le civil et criminel, il exerce le droit de grâce, il prend des résolutions sur la paix, sur la guerre, en un mot, il a tous les attributs du souverain; il y a plus, plusieurs nations ainsi gouvernées au milieu de nous, ont joui d'une longue prospérité.

Cela contredit mes assertions sur les effets de la souveraineté populaire, mais cette contradiction n'est qu'apparente, comme vous le verrez, si vous observez avec attention la marche de ces gouvernemens, vous reconnoîtrez que la population, même la moins nombreuse, ne peut exercer la souveraine puissance.

Ces peuples, il est vrai, sont qualifiés de souverains, caressés et encensés avec cette expression, comme autrefois (s'il est permis de comparer les petites choses aux grandes) celui de Rome étoit appellé *populus latè princeps* par ses orateurs et ceux qui couroient ses suffrages.

Voilà à quoi se réduit cette souveraineté, à des mots, à des révérences, à des complimens dictés par la flatterie. Celui qui attend tout de la multitude, peut bien lui crier du haut de la tribune ou imprimer à la tête d'un livre, *le peuple seul est souverain:* rien n'est plus simple, il fait alors sa cour au distributeur de la fortune; c'est dans ce moment un courtisan qui dit à son prince que le soleil est à ses ordres, et si le peuple est le plus puissant des princes, il est aussi celui qui aime le plus d'être flatté, et de tous, le plus facile à séduire; mais toutes ces phrases, toutes ces inscriptions ne changent rien à la nature des choses qui en a ordonné autrement.

L'essence de la souveraineté est immuable, et la même par-tout; les hommes ne peuvent à volonté la définir ce qu'elle n'est pas, ni lui donner une forme qu'elle n'a point, ni une place où elle ne peut se tenir.

Dans les démocraties, elle est élective et temporaire; dans les monarchies, héréditaire ou à vie: tels sont les changemens, les modifications qu'elle éprouve dans ces états; mais ces différences n'existent que dans la forme ou le mode extérieur, elle n'attaque en rien la substance de la chose, et ne prouve nullement que le peuple démocrate soit plus souverain que celui d'une monarchie.

La seule diversité entr'eux, c'est que le premier fait de sa liberté un autre emploi que le second; celui-là nomme ses chefs tous les deux ans ou tous les ans, tous les six mois, si l'on veut; mais il ne s'ensuit pas qu'il soit plus souverain que celui-ci. Rappellez-vous (on ne peut trop insister sur les élémens), rappellez-vous bien que ce qui est libre ne peut être souverain, que ce qui est souverain ne peut être libre. Cette vérité vous deviendra évidente à mesure que vous avancerez dans vos recherches sur le droit naturel. La souveraineté n'est faite sur la terre que pour régler la liberté des hommes et en réprimer les abus ; mais si une fois ces deux principes sont confondus, ni l'un ni l'autre n'existent plus, il n'y a plus ni liberté, ni souveraineté.

Un zélé démocrate (et de bonne foi), va crier à la fausseté de ma proposition, il me soutiendra par le fait, que lui-même a exercé le pouvoir souverain ; mais il se trompe, et son erreur vient de ce qu'il ne remonte pas à la nature des choses, en se dépouillant de tout intérêt, de tout préjugé.

Ainsi, pour l'en convaincre, je l'engage à se bien pénétrer des principes constitutifs de souveraineté et de la liberté, je l'invite à écouter Rousseau lui-même, dont voici les propres expressions :

« Ce qui rend le gouvernement démocra-
« tique insuffisant à certains égards, c'est
« que les choses qui doivent être distinguées,
« ne le sont pas, et que le prince et sou-
« verain n'étant que la même personne, ne

« forme pour ainsi dire qu'un gouvernement
« sans gouvernement. »

Or, je demande d'après cela (et l'on voit
bien que l'auteur a beaucoup adouci ses
expressions), je le demande, qu'est-ce que
l'état d'une société dont le *gouvernement
est sans gouvernement*, n'est-ce pas prononcer ces termes équivalens, qu'il est une
souveraineté sans souveraineté? Or, certainement voilà mot pour mot mon assertion mise
en tête de cette conférence.

J'ai soutenu que le principe de la liberté
politique n'étoit pas possible dans le droit,
Rousseau ne l'a-t-il pas dit lui-même, et
sans doute beaucoup mieux que moi, en
nous apprenant que la démocratie est un
gouvernement sans gouvernement.

Je cite toujours Rousseau, parce que je
n'en connois pas d'autres qui ait travaillé
sur ces matières ex professo. Rappellez-vous
d'ailleurs qu'à des propositions fausses,
il mêle aussi des vérités, et que beaucoup
de personnes ont abusé de ses maximes, en
les divisant, les syncopant, n'y prenant que
ce qui leur plaît, et rejettant ce qui les
condamne.

2°. Ma seconde proposition, c'est que dans la

réalité le gouvernement démocratique n'a existé nulle part, c'est ce qui me reste à établir.

Les peuples démocrates nomment un sénat pour deux ans, plus ou moins.

Pendant cet intervalle, les magistrats nommés exercent les pouvoirs législatif, exécutif et judiciaire; donc ils exercent la souveraineté dans toute sa plénitude, comme les chefs des monarchies eux-mêmes, et par conséquent dans le fait, le peuple démocrate n'est pas plus souverain que tout autre.

3º. M'objectera-t-on que les Grecs et les Romains, assemblés sur la place, ont réellement exercé le pouvoir législatif, je répondrai qu'ici encore l'on ne distingue pas assez les faits; que l'on se borne à voir les choses en gros, et à les juger sur des apparences superficielles. Chez ces peuples, les lois étoient proposées par les orateurs ou magistrats, par les sénateurs ou tribuns (et l'on ne peut en douter, puisqu'elles portoient le nom de leur auteur); donc tout ce que faisoit le peuple dans ses assemblées , c'étoit d'accepter ou refuser la loi proposée: or l'acceptation ou le refus d'une loi, n'est pas un acte de souveraineté, mais de liberté.

4º. Seroit-il justifié par les faits les plus

constans que le peuple a quelquefois par lui-
même, exercé le pouvoir législatif ou judiciaire, comme on le dit des Grecs ou des
Romains, ce fait ne prouveroit rien. Il seroit une preuve qu'il a usurpé ce qui ne lui
appartient pas ; qu'il a mêlé et confondu des
élémens distincts par leur nature, il s'ensuivroit enfin que la multitude, par sa force,
a fait l'*anarchie*, situation des choses où le
peuple est appellé souverain par ceux qui
veulent l'être eux - mêmes, situation où il
n'existe plus ni liberté, ni souveraincté.

5'. L'on m'opposera sans doute aussi les
démocrates modernes, et notamment · les
Suisses des petits cantons : on me dira qu'ils
n'ont été heureux que par leur démocratie.

Il est vrai, les Suisses avant notre révolution, ont été un des peuples des plus heureux de l'Europe, mais ce bonheur n'a pas
été du tout l'effet de leur démocratie. Loin
de-là : il provient d'une multitude de causes
réunies, qui ayant comprimé ce faux principe, l'ont empêché de se développer et de
faire tous les ravages qu'il fait ailleurs, où les
mêmes obstacles n'existent pas. Les localités
des Alpes, la petitesse et l'isolement des vallées
nombreuses qu'elles renferment, le régime

fédératif (dont nous parlerons ci-après),
l'exemption des impôts, la nécessité d'une
émigration perpétuelle, l'exercice gratuit
des fonctions publiques, les mœurs des habitans, etc. voilà les véritables causes qui
comprimoient la démocratie des petits cantons, et l'empêchoient d'y faire autant de
mal qu'ailleurs (ou en tout cas, le mal
qu'elle faisoit y étoit balancé par d'autres
avantages). C'est ce dont vous serez convaincu, si vous observez attentivement l'état
véritable de cette région bien digne de curiosité
et d'intérêt : il y a dans les interstices des Alpes
plusieurs républiques qui n'ont pas 4 à 5
lieues de long, sur une demi-lieue de large ;
la vallée est séparée de ses voisines par des lacs
et des montagnes impraticables la plus grande
partie de l'année, et qui empêchent les com-
munications ; le peuple qui l'habite est composé de familles, nécessairement toutes pa-
rentes ou alliées : il peut se réunir en entier et
à l'instant sous le contour d'un chêne ; il professe le même culte, célèbre les mêmes fêtes,
il n'a qu'une place pour se réunir, etc.

Telle est la situation des démocraties
suisses ; mais si l'on fait plus d'attention à la
réalité des choses qu'aux mots, on trouvera

que leur gouvernement n'est que le régime patriarchal ; et en effet, il est dans ce pays (sur-tout par l'effet d'une émigration journalière et nécessaire) , il est des peuples moins nombreux que n'étoient les familles des premiers âges du monde (*).

Un principe faux est sans doute faux et vicieux par-tout, mais cependant ses influences peuvent dans certains cas trouver des obstacles qu'on ne peut leur opposer dans d'autres.

Donnez à un peuple pasteur, renfermé entre deux montagnes escarpées, la forme du régime appellé populaire, supprimez autant qu'il est possible tout ce qui peut éveiller et nourrir les passions, que les magistrats nommés remplissent leurs fonctions gratui-

____

(*) Le village de Gersaii de tems immémorial forme une souveraineté , et cela me paroît fort naturel ; situé sur la rive du lac de Lucerne , il est séparé de tous les lieux voisins par le même lac et des montagnes ; mais qu'est-ce qu'une telle souveraineté ? est ce autre chose qu'une famille ? Ne seroit-ce pas abuser des mots, que de lui donner un autre nom. Il paroît que la providence a voulu faire contraster tous les extrêmes , autant dans l'ordre politique que dans les autres , montrer, selon les expressions de M. de Buffon , que la famille est le type de tous les empires.

tement, vous n'aurez pas pour cela un peuple souverain, mais un peuple libre. Il est vrai que cette liberté excessive mettant le peuple dans un état approchant de celui de *multitude*, lui laissera trop de force, contre une souveraineté, sans doute très-foible; mais si la société se réduit à quatre ou cinq villages, le mal ne sera pas bien violent, il ne pourra pas faire de grands progrès, ni se répandre au dehors.

C'est ainsi qu'un torrent qui, du sommet du S. Gothard, se précipite dans le Tésin, où dont les flots viennent se briser contre des rochers plus élevés que lui, ne peut faire beaucoup de ravages, tandis que celui qui traverse une plaine rend toute culture impossible, et détruit dans un instant tous les travaux du laboureur. Mais cependant ne nous abusons pas, quelles que soient les localités et les circonstances tout à fait singulières dont nous venons de rendre compte (et peut-être uniques dans le monde). Les peuples de la confédération Suisse n'auroient pas joui de la prospérité que nous leur avons connue, si depuis long - tems ils n'eussent renoncé à se mêler des affaires des autres gouvernemens, et ne se fussent bornés à la défense de leur propre pays.

N'en

N'en doutons pas, les Helvétiens doivent leur ancien bonheur tout entier, à cette politique qui au milieu des plus brillantes monarchies, des nations les plus riches, les plus ambitieuses, a maintenu chez eux la simplicité des mœurs, a éloigné de leur pays le fléau de la guerre, et les a fait rechercher de tous les peuples de l'Europe : politique sainte pour laquelle ils pouvoient peut-être espérer quelques égards de la part de la révolution ; mais celle-ci n'a pas seulement voulu donner la liberté à ceux qui ne l'avoient pas, elle a voulu aussi malgré eux perfectionner la liberté de ceux qui la possédoient.

Un peuple pauvre, économe, qui se contente de ce qu'il a, qui sent le besoin d'être l'allié ou plutôt l'ami de ses voisins, qui en faisant la guerre pour eux, occupe un superflu de population, et se met en état de défendre ses frontières, finit toujours par obtenir toute la somme de prospérité dont il est susceptible (*), quelle que soit d'ailleurs la

____

(*) Il me semble évident par tout ce qui s'est passé en Suisse, que ce pays étoit plus difficile à remettre que tout autre, et qu'il a des obligations infinies à celui qui est parvenu à y rétablir l'ordre.

Quand une révolution a lieu chez un peuple qui

forme de son gouvernement. Ses mœurs sont
pour lui l'objet principal, il existe par celles-
ci plus que par les institutions politiques.

---

forme un seul corps de nation, un seul gouvernement, elle est violente au dernier excès : elle brusque
tout, mais elle se fait également dans toutes les
parties, et l'équilibre se rétablit plus vite : c'est ainsi
que s'est faite celle de France.

Il n'en est pas de même d'une fédération composée de plusieurs parties diverses et hétérogènes, il
se fait alors autant de révolutions qu'il y a de ces
parties, et voilà pourquoi il est si difficile à la Suisse
de sortir de son état révolutionnaire ou anarchique.

La révolution s'y est faite dans des sens opposés et
en détail ; les villes principales vouloient conserver
leur suprématie, les contrées sujettes, sous le rapport politique demandoient la suppression de l'aristocratie, et les petits cantons desiroient conserver
leur démocratie. Or ces prétentions, non sans fondement de part et d'autre, et qui sont appuyées sur
mille combinaisons de localités, ont dû naturellement produire une grande scission entre les uns et
les autres.

Une grande question sur-tout étoit de savoir si les
derniers pouvoient être gouvernés comme les premiers, si des parties si essentiellement différentes
peuvent être réunies sous *une puissance une et indivise*, ou s'il suffisoit de les unir par une fédération.

Telles sont les vraies causes auxquelles les Suisses doivent leur bonheur.

Quand je traiterai du gouvernement fédératif, j'essaierai de résoudre cette question importante de droit public.

CONFÉRENCE III.

Ce que l'on doit entendre par égalité civile ; que l'égalité politique est nécessairement le principe de toutes les inégalités.

Dans les conférences précédentes, nous avons traité de la liberté sociale et de la démocratie ; dans les suivantes, nous parlerons de l'égalité, puis de l'inégalité et de l'aristocratie.

Qu'est-ce que l'égalité ? c'est la conformité de plusieurs choses entr'elles : ainsi l'on dit quantités égales, grandeurs égales, poids égaux, etc. mais qu'est-ce que l'égalité en société ? ce terme est encore un de ceux dont l'on fait tous les jours le plus grand abus, nous allons tâcher d'en fixer le sens avec précision.

Il faut pour cet effet, considérer les hommes sous un double rapport, celui de la nature et de la société, sans diviser ces deux choses l'une d'avec l'autre.

1°. Dans la nature, où (sous le rapport général de l'humanité) ils sont tous parfaitement égaux, mais dans deux points seulement, c'est-à-dire, ils ont la même origine et la même fin, ce qui ne signifie pas autre chose, sinon qu'ils sont tous hommes.

Depuis la révolution, il a été affiché sur un cimetière *Palais Egalité*, assurément jamais chose ne fut mieux nommée par son nom.

2°. Il faut les envisager sous le rapport individuel, et sous cet aspect, il existe entr'eux les plus grandes inégalités ; ils diffèrent tous les uns des autres plus au moral qu'au physique, et (ce qui est bien fait pour confondre notre raison) le même individu envisagé sous plusieurs points de vue, offre le contraste des inégalités les plus frappantes. Il est fort et foible tout à la fois ; celui qui possède à un dégré éminent les qualités de l'esprit, n'a pas toujours celles du cœur, et réciproquement ; en un mot, la variété morale que la nature a mise entre les enfans du même père est sans bornes ; elle échappe à l'œil le plus pénétrant, quoique pour l'ordinaire on découvre en eux les mêmes traits, la même physionomie.

3°. Si vous considérez les hommes dans

l'état social, les inégalités naturelles augmentent prodigieusement par l'éducation et le genre de vie.

Celui-ci cultive la terre, celui-là est citadin ; l'un est père de famille, l'autre célibataire ; tel négociant, tel artiste, etc.

4°. Cette première inégalité sociale en produit une infinité d'autres secondaires, l'indigence, la pauvreté, la médiocrité, la richesse ; viennent ensuite les besoins factices, les modifications, les nuances engendrées de toutes ces positions diverses, l'ignorance, les préjugés, la science, la politesse, la supériorité, etc.

J'ai dit en termes absolus et rigoureux, que par-tout l'homme devoit être libre, parce que la liberté est dans sa nature ; (en montrant d'ailleurs qu'il n'y a pas de liberté sans souveraineté, que libre et sujet sont des termes synonymes ;) mais je n'en dirai pas de même de l'égalité dont néanmoins le nom se trouve par-tout, et que l'on confond aujourd'hui si facilement avec la liberté (*).

____

(*) Si ces maximes n'ont pas toujours été déve-

Les hommes ne sont réellement égaux que sur deux points de leur existence, et à ces deux extrêmes, ils sont entièrement nuls pour la société. Dès l'instant qu'ils commencent à être actifs pour celle-ci, ils deviennent inégaux entr'eux, et cette inégalité va toujours en augmentant, en sorte que l'état social finit par être un aggrégat sans terme comme sans mesure des choses les plus disparates.

Il résulteroit d'après cela, que des êtres aussi différens devroient toujours se fuir, hé bien, c'est le contraire, ils se recherchent sans cesse, ils ne peuvent exister les uns sans les autres, enfin, ils ont horreur de la solitude. L'homme est tellement pressé par le

---

loppées, elles ont été reconnues par un assentiment universel. Déjà les anciens, chez qui l'esclavage le plus extrême s'étoit introduit, avoient érigé une statue à la liberté, sous la figure d'une femme modeste, couverte d'un vêtement simple et commode, et sous cet emblème, ils me paroissent avoir entendu la liberté civile qui appartient à tous les citoyens, à toutes les classes de citoyens, mais ils n'ont point parlé de l'égalité, ce qui prouve qu'ils ne la regardoient point comme un des élémens d'ordre social.

besoin d'aimer et d'être aimé, il est si nécessaire pour lui qu'il parle, qu'il exprime ses
sentimens au-dehors, et que d'autres lui répondent, que dans l'abandon de ses semblables, il va faire société avec les bêtes,
partage avec elles son lit, sa nourriture,
et tombe dans le plus grand chagrin, lorsqu'il vient à perdre ces êtres qui l'ont consolé
de l'indifférence et de l'égoïsme de ceux de
son espèce.

L'isolement est donc pour l'homme un état
contre-nature. Mais comment une société
peut-elle se former entre des êtres si inégaux, comment habiteront-ils sous le même
toit, dans la même enceinte ? Comment l'individu vivra-t-il avec ceux qui ont des idées,
des affections, des volontés si divergentes
des siennes ?

Il faut en convenir, au premier apperçu,
rien n'est plus opposé à cette harmonie
qui brille entre toutes les parties de l'univers. Aussi, je ne crois pas qu'il soit possible d'expliquer une telle contradiction, si
l'on ne remonte aux principes que j'ai dit
être la clef de tout le système de l'homme,
la *moralité* et la *perfectibilité.*

Des êtres moraux et perfectibles font une

classe singulière, qui n'a rien de commun avec
le reste de la nature ; ils ont des règles faites
pour eux seuls , ne sont pas étrangers les uns
aux autres, forment, comme nous avons
dit , une chaîne, une parenté : enfin ils ont
des devoirs réciproques, et sont susceptibles de louange ou de blâme, selon qu'ils
remplissent ou violent les mêmes devoirs.
Ainsi, quoique ces êtres soient très-inégaux,
ils sont unis par un sentiment moral qui
leur fait la loi de respecter, d'aimer leurs
semblables, s'ils veulent que ceux-ci les res-
pectent et les aiment à leur tour , s'ils veulent
passer en société l'espace moyen qui est entre
les deux extrêmes de leur existence, le tems
qui est entre la vie et la mort.

Dieu n'a pas tout fait pour des créatures
libres et perfectibles, il a voulu qu'elles
agissent librement et travaillassent d'elles-
mêmes à leur perfection. Si d'une part sa
puissance a fait inégaux tous les enfans de
la plus petite famille, comme les cinq doigts
de la main , de l'autre sa sagesse les a
joints par le sentiment de la fraternité, et
si le pouvoir paternel est le type de toute
puissance humaine , l'amour fraternel est

celui de toute société; il a voulu, l'auteur de la moralité, que le fort protégeât le foible, que la foiblesse fût armée de douceur, d'amour, de pitié, et que ces armes fussent plus puissantes que celles de la force elle-même.

Ici sa providence éclate d'une manière sensible et toute nouvelle : il a créé les individus de l'espèce humaine tous inégaux en facultés physiques et morales ; mais en même tems, il les a tellement constitué dans la dépendance les uns des autres, que non seulement le foible a besoin du fort, mais que celui-ci a plus encore besoin de celui-là, et que sans le secours du dernier, la force du premier ne feroit que son tourment et son malheur; c'est donc l'inégalité des individus qui est le principe de la société.

Si les hommes n'étoient pas inégaux, l'un n'auroit pas ce qui manque à l'autre, ils ne se rechercheroient point, la société n'existeroit pas. Pourquoi les bêtes de la même espèce sont-elles si parfaitement égales entr'elles? c'est qu'elles ne sont point faites pour vivre en commun, c'est qu'elles n'ont pas été élevées à l'honneur de la parole, de la fraternité, de la parenté, de l'amitié ; à ces biens sublimes dont nous jouissons, qui font toute notre existence, dont nous parlons sans cesse, mais que nous sommes incapables de définir et de connoître.

Ces principes posés, que devons-nous entendre par *égalité sociale ?* Cet examen est d'autant plus important, que ces termes renfermant tout-à-la-fois quelque chose de vrai et quelque chose de faux, il est très-facile d'en abuser.

Ce sont, comme nous l'avons dit, les inégalités physiques et morales, qui ont constitué les hommes dans le besoin mutuel les uns des autres, et dans la nécessité de se réunir ; mais ce sont les mêmes causes qui ont rendu la souveraineté nécessaire. Si les hommes n'étoient pas inégaux comme ils le sont, ils n'auroient pas été forcés d'établir sur eux-mêmes la souveraineté ; or, quel a été l'effet de cette institution ? A-t-elle supprimé les inégalités physiques et morales de la nature ? Non, ce seroit une entreprise chimérique, ou plutôt c'est la chose impossible. Tout ce que peut la sagesse jointe à la puissance, c'est de balancer des élémens si opposés, de les diriger vers le bien commun, d'en empêcher les chocs, les collisions, d'en corriger les excès, etc.

Voilà tout ce que peut la science du souverain : car, s'il doit protéger le foible contre le fort, le pauvre contre le riche, il ne doit pas moins défendre ceux-ci contre les offenses ou les embuches de ceux-là.

Ainsi, son ministère, loin de détruire les inégalités, ne travaille qu'à les modérer, à les tenir en équilibre ; et souvent, pour arriver à ce but qui donne les plus grandes peines, il se voit lui-même obligé de créer des inégalités qui n'existoient pas.

Maintenant si vous réfléchissez sur ce qui vient d'être dit, vous verrez bien distinctement ce que c'est que l'égalité en société, vous connoîtrez le sens dans lequel ces expressions doivent s'entendre.

1°. Des êtres libres, comme je l'ai montré ci-devant, n'ont *primitivement* aucun droit les uns sur les autres, ils n'ont que des devoirs à remplir.

Quand les devoirs sont violés, chacun a la faculté d'exiger la réparation qui lui est due;

lout individu lezé dans sa personne ou ses propriétés, a sans doute un droit égal à cette réparation. Donc, sous ce point de vue, les hommes sont parfaitement égaux; il est même évident que sans cette mesure, la société seroit impossible, et que la souveraineté ne seroit plus qu'un être de raison.

La vertu actuelle par laquelle la souveraineté ordonne cette réparation, a été appellée justice *commutative*, c'est-à-dire justice dans les rapports mutuels, dans les relations d'individu à individu.

Pour rendre cette justice, le souverain ne prend aucune connoissance des personnes entre lesquelles le litige existe, il lui suffit de connoître les faits et les circonstances. Il ne s'instruit que des obligations intervenues entre des êtres libres, et les fait exécuter d'après la loi, sans examiner leurs qualités personnelles, et tous les jours il décide en faveur d'un homme immoral contre un homme vertueux.

Voilà dans quel sens les citoyens sont tous égaux en droits; mais s'agit-il de récompenses ou de peines, le souverain est obligé d'établir des gradations entre les unes et les autres, d'examiner avec attention, non-seulement

les faits et le texte de la loi, mais la moralité
des personnes (*).

(*) Il suit de ces principes, qu'on ne peut
distinguer entre le juge de fait et le juge de la
loi, et que le droit naturel s'oppose à cette distinction. La justice étant un attribut de la souveraineté, elle est une et indivisible comme celle-ci.
Le citoyen investi du pouvoir légal de constater un
fait, de faire expliquer ceux qui en ont été témoins,
et de prononcer que tel en est l'auteur avec telles
ou telles intentions, remplit dans toute leur étendue
les fonctions de la justice distributive, et par conséquent de la souveraineté, quand même il n'auroit
pas celui de prononcer la peine fixée par la loi pour
le cas particulier dont il s'agit.

La déclaration solemnelle par laquelle un
homme, après serment, et sous les auspices de
la divinité, prononce que son semblable est convaincu de tel fait d'immoralité, ou n'en est pas
convaincu, est bien aux yeux de la réflexion, l'acte
le plus important et quelquefois le plus difficile qui
puisse exister pour un être moral. Ce jugement est le
résultat de toute la sagesse humaine sur un fait particulier et ses circonstances ; donc celui qui remplit
ce sublime ministère, remplit vraiment celui de
la justice.

Il n'en est pas de même de celui qui ensuite de
cette déclaration *du juge de fait*, applique à l'accusé
déclaré convaincu, la disposition d'une *loi* positive
qui a tariffé les peines : il ne juge point, il n'exerce

En effet, il est de droit naturel que plu-

___

point la souveraineté sous l'attribut de la justice,
(et ceci auroit-il besoin d'être prouvé ?) le dernier
n'est pas dans l'obligation rigoureuse d'apprécier le
mérite de l'accusation ou de la défense, sa conscience
n'est nullement intéressée dans l'opération d'appliquer la loi : or, tout ce que peut faire un être moral,
sans que sa conscience l'approuve ou le condamne,
ne peut lui être imputé il n'en est comptable ni
à Dieu, ni à ses semblables. Ce n'est donc pas un
jugement.

D'ailleurs, cette formule d'appliquer la peine, ne
pourroit-elle pas être également prononcée par le
juge de fait ? ce n'est plus qu'une conséquence simple
à tirer d'un principe qui a été peut-être formé des
élémens les plus compliqués. En tout cas, le droit
naturel ne me fait pas appercevoir l'ombre d'in-
convénient dans cette disposition des choses, et il
ne me montre pas non plus l'avantage réel que
donne la distinction entre le juge de *fait* et celui
du *droit*. Donc le juri est le seul tribunal, et les
magistrats qui l'assistent ne font près de lui que les
fonctions de rapporteur ou directeur.

Toutes ces conséquences dérivent nécessairement
de la maxime que la souveraineté est indivisible dans
chacun de ses attributs.

Il ne me semble pas davantage, que l'on puisse
attacher un grand mérite à cette institution, en ce
que l'accusé seroit jugé par *ses pairs* ; en effet, jamais on ne fit un abus plus étrange des mots, ja-

sieurs bonnes actions constantes et suivies, soient mieux récompensées qu'une seule, et qu'une récidive soit punie plus sévérement qu'une première faute.

Il est de la sagesse de pardonner un premier délit, quand son auteur donne des espérances fondées d'amendement ; il est conforme au principe de perfectibilité, il est digne du représentant de l'être suprême, d'user d'indulgence, de faire grâce à un coupable, lorsqu'il peut mettre en balance une bonne conduite antérieure, ou quand il fait espérer pour l'avenir des services importans. La vertu qui fait ces distinctions, s'appelle *justice distributive*, ou cette justice qui est fondée sur les dégrés de moralité entre les hommes, et sous ce dernier rapport, comme vous voyez, l'égalité des droits est

mais il n'y eut contradiction plus frappante entre l'expression et la chose. Dès que le juri est en place, il est revêtu du sacerdoce judiciaire, il est le représentant de la souveraineté par excellence, et les autres juges ne la représentent pas plus que lui, puisque la déclaration du premier a autant de force que le jugement de ceux-ci. On a beau faire, l'essence de la souveraineté étant immuable, il est au-dessus du pouvoir des hommes de lui donner une forme contraire à cette essence.

une

une chose impossible, ou contraire aux premières notions d'ordre social (*).

(*) Le droit de grace est un des élémens nécessaires d'ordre social : 1°. il dérive de la nature d'êtres tous également défectueux, et auxquels il est de toute impossibilité d'exister ensemble, s'ils ne pratiquent entr'eux l'indulgence la plus étendue.

2°. La grace est pour l'individu à qui on l'accorde, une application de la justice distributive, sans laquelle il n'est pas de société, et cette justice n'est autre chose que le balancement du mal par le bien.

3°. Elle est manifestement dans l'intérêt de tous : il importe à la société de ne pas perdre un de ses membres qui peut racheter sa faute par des services importans, l'intérêt public est la seule mesure des peines et des récompenses.

4°. Ce droit est une conséquence immédiate du principe d'amour, qui est le premier attribut de la souveraineté, et sans lequel on ne conçoit pas ce qu'est un souverain. Tous les sages qui ont médité sur la nature de l'être suprême, ont reconnu que sa bonté étoit nécessairement inépuisable, et qu'elle surpassoit toutes ses autres vertus.

5°. Enfin, cette faculté a été sanctionnée par la loi révélée, son législateur a montré lui-même par des exemples nombreux, que faire grace, c'étoit faire l'emploi le plus sublime de la puissance humaine.

Aussi, tous les peuples civilisés l'ont exercée : il a

Tome II.   9

2°. J'ai dit que l'égalité politique étoit un

lieu dans de petites démocraties formées dans des tems d'ignorance, et à la fin du dix-huitième siècle, on l'a ôtée à une nation dont le caractère et la sensibilité lui rendent cette ressource plus nécessaire qu'à toute autre. L'histoire apprendra à nos neveux qu'à l'époque où tout se faisoit au nom de l'humanité et de la philanthropie, le plus grand moyen que fournit la sensibilité du cœur humain, a été banni de la légilsation.

On dira que dans une grande démocratie, une prérogative aussi considérable ne peut être donnée à des magistrats qui ne sont que des fonctionnaires publics, que le droit de grace est destructif de l'égalité; d'autre part, que le souverain, qui est le peuple, ne peut l'exercer, etc. En supposant que ces conséquences sortent du principe, elles prouvent précisément combien la souveraineté populaire et sa représentation sont des idées fausses (et certes il n'en faudroit pas d'autre preuve), s'il répugne que le peuple exerce le droit de grâce, c'est qu'il répugne qu'il soit souverain. S'il est contre la nature d'une démocratie que des magistrats ou représentans temporaires exercent la même faculté, c'est parce que la souveraineté elle-même ne peut être représentée ; car si cette représentation n'étoit pas contraire à la nature de la souveraineté, pourquoi n'auroit-elle pas lieu sous un attribut essentiel, et sans lequel la souveraineté est inconcevable. Avouer donc que le peuple ni ses représentans ne peuvent exercer le droit de

principe nécessaire des inégalités les plus choquantes, c'est l'assertion qu'il me reste à vous démontrer, et pour y parvenir, je n'ai besoin que de mettre sous vos yeux le résultat de l'expérience. L'égalité politique est celle qui confère au citoyen le droit d'être appelé à toutes les assemblées publiques, lui donne sans aucune réserve la voix active et passive dans tontes les délibérations qui regardent l'état, en un mot, le fait

---

grace, c'est avouer complétement que ces derniers ne peuvent pas être plus souverains que celui-là.

Si le droit de grace est la plus belle prérogative de la souveraineté, la demande qui s'en fait par le coupable, est aussi l'acte le plus sublime de la moralité. C'est sans doute un grand sacrifice à l'amour-propre que de faire l'aveu de sa faute ; mais quelle force, quelle grandeur d'ame dans celui qui le fait ! L'opinion publique a toujours regardé cet acte comme le plus glorieux pour son auteur, c'est remporter une victoire sur soi-même, et cette victoire est de toutes la plus pénible, elle est supérieure à la grace elle-même ; celle-ci est si douce, si flatteuse pour la puissance ! mais celle-là est le dernier effort de la perfectibilité. La reconnoissance d'une simple erreur d'esprit est toujours le trait par lequel on couronne l'éloge d'un des plus grands hommes dont la France s'honore.

9 *

membre du souverain. Cette égalité est une suite de la souveraineté populaire, et comme celle-ci n'est qu'une illusion funeste 1°. entre des individus tous inégaux, soit par la nature, soit par l'éducation, ou le genre de vie, il ne peut exister que l'égalité civile, c'est-à-dire celle qui est produite par l'action de la justice, laquelle seule est capable, non de supprimer les inégalités, mais d'établir entr'elles un certain équilibre, en rendant la défense proportionnée à l'attaque.

Que le pauvre soit lésé par le riche, le riche offensé par le pauvre, ils obtiennent sous le règne de la justice la plus prompte réparation ; ainsi, sous ce rapport, ils sont égaux ; mais en *politique*, il n'en est pas de même, ou plutôt c'est tout le contraire : alors les individus ne sont plus sous le juge qui met leur mérite et leurs actions dans la balance d'une raison sévère et impartiale, et toutes les inégalités possibles se produisent dans toute leur force sans que rien les modère.

Dans cette position, l'homme y gravite de toute sa fortune, de tout son crédit, de toutes ses facultés physiques et morales, sur son voisin, et si celui-ci n'est pas en état d'opposer une réaction équivalente, il est écrasé, il est nul. L'indigent et le riche sont égaux en droits politiques : que signifie cela ? sinon que tous deux sont hommes, et que sous le point de vue de l'humanité, ils sont de niveau ? mais quelle différence dans leurs positions respectives ? l'un est au pied de la montagne, l'autre est sur la hauteur ; le premier est citoyen actif comme le second, deux ou trois fois l'an, pendant une demi-heure, soit ; mais tout le reste du tems, il est individu borné à ses ressources et moyens personnels, ou même par ses besoins, constitué dans la dépendance du second.

Le bon et simple habitant de la campagne, l'honnête artisan de la ville, dans une assemblée politique, sont *en droit* tout autant que les lettrés et les riches. Mais qu'est-ce que cette égalité ? une pure spéculation, un rapport abstrait, impossible à réaliser : qu'est-ce que ceux-là peuvent opposer à ces derniers ? ont-ils autre chose à faire que se taire et applaudir ? Enfin peut-il être de bonne foi question d'égalité sur un théâtre où le fort est intéressé à faire valoir sa force, et où la loi l'invite à lui donner tout le développement dont elle est susceptible? N'est-ce pas précisément appeler égales, des choses qui forcément produisent tous les extrêmes, toutes les inégalités?

Dans les démocraties pures, les enfans de quinze ans, les journaliers, les gens de service, les fermiers ont les mêmes droits que les pères, les maîtres et les propriétaires; hé bien, sont-ils pour cela leurs égaux? Oui, la constitution les déclare tels, mais encore un coup que cela signifie-t-il? Certes, le bon sens dit assez que les voix de tous ces individus sont à la disposition de celui dans la dépendance duquel ils vivent toute l'année, ou de celui qui les paie le mieux. Donc le pays de l'égalité politique n'est vraiment qu'un marché, où tout se donne au plus offrant et dernier enchérisseur.

2°. Rien n'amène une véritable inégalité parmi les habitans d'une société, comme l'égalité politique. Cette prérogative est si grande, si précieuse à l'imagination, que ceux qui la possèdent en deviennent toujours jaloux à l'excès, et ne la communiquent que bien difficilement. Aussi voyez les états populaires, ils deviennent après un très-court intervalle, de véritables aristocraties: dans tous, on y voit deux et trois classes de personnes, des citoyens, des demi-citoyens, des maîtres et des sujets: si vous remontez aux républiques anciennes, vous ne les trouverez composées que d'hommes libres et d'ilotes, de citoyens et d'esclaves, vous trouverez en un mot que l'égalité politique d'un petit nombre ne s'y soutenoit que par l'oppression du plus grand.

Quand il se fait une révolution, toutes les inégalités disparoissent de la surface, comme lorsque le tonnerre éclate, tous les êtres vivans se cachent dans les retraites les plus obscures. Pendant ce tems d'allarme et de terreur, tous les individus qui se rencontrent s'embrassent, se serrent affectueusement, ils sont tous frères et amis; mais cette parenté ne dure que le tems de la tempête: le ciel redevient-il serein, les inégalités anciennes se reproduisent, il s'en est formé une multitude de nouvelles, bientôt on n'est plus ni parent, ni ami, on ne se connoît plus ; voilà le cours inévitable des choses humaines. Donc l'égalité politique n'est pas une simple chimère, elle est la source de toutes les inégalités, un des principes les plus féconds du despotisme.

CONFÉRENCE IV.

Sur l'Aristocratie.

— Qu'est-ce que l'aristocratie?

= C'est un gouvernement où le pouvoir souverain est héréditaire dans un certain nombre de familles.

— Quel est l'état du peuple dans l'aristocratie?

= Dans ce régime, il est exclu de tout ce qui est politique, il n'a aucune part au gouvernement.

— Vous avez établi pour maxime que le peuple ne devoit jouir que de la liberté civile : dans l'aristocratie, la liberté politique n'appartient qu'à certaines familles, l'autorité n'est exercée que par un petit nombre d'individus distingués par leur sagesse et leurs mœurs. Donc, d'après vous-même, cette forme politique est dans l'ordre et fait le bon gouvernement.

= L'institution qui confie l'autorité à quelques individus, semble au premier apperçu

moins contraire à la nature des choses et à
la vérité , que celle qui érige la multitude
en souverain. L'aristocratie d'ailleurs , selon
la définition de ce mot , est un sénat composé de personnes distinguées par leurs vertus
et leurs lumières. *Status reipublicæ quæ
ab optimatibus gubernatur.* Ainsi, d'une
source si pure ne devroit naturellement sortir que les plus heureux effets ; mais le
principe de ce gouvernement n'en est pas
moins faux et vicieux : 1°. la souveraineté
étant par essence une, indivisible, l'institution établie pour l'exercer, doit être également *une , indivise ,* et si cette division existe ,
le corps social sera lui-même divisé, ce qui
est contraire à la nature des choses.

2°. L'aristocratie a toujours eu de beaux
commencemens, mais son principe ne peut
se conserver dans son intégrité primitive; il
se corrompt bien vite , produit des scissions
dans l'état , engendre tout à la fois le despotisme et l'anarchie avec tous leurs excès.
Donc cette forme, autant que la démocratie,
est destructive de la liberté , de l'égalité , de
l'ordre social : si l'une tient le peuple dans
la situation d'une multitude non organisée,
l'autre y jette un germe de guerre in-

testine, que le tems et les succès même ne font qu'augmenter et développer: ainsi toutes deux sont également contradictoires avec la souveraineté par excellence. Voici la preuve de ces assertions.

1°. L'aristocratie étant héréditaire et les familles se multipliant (sans l'hérédité, ce seroit une démocratie), il en résulte qu'après un certain laps de tems, outre les membres du sénat actuel, il y a dans le pays un grand nombre d'individus qui ont des prétentions à la souveraineté, et qui tous, sans en avoir l'exercice actuel, sont appellés sous des noms divers, les patriciens, les seigneurs, les dominans, etc. En conséquence, le peuple (et nous comprenons sous cette expression tout le corps politique, ou tous les hommes qui vivent dans le même empire) le peuple se trouvera partagé en deux parties constitutionnellement distinctes, dont l'une sera qualifiée patricienne et l'autre plébéienne. Il va sans dire que tous les honneurs, tous les bons emplois seront le patrimoine exclusif de la première, ensorte que la tête de ce corps absorbera tous les sucs destinés à sa nutrition, qu'elle sera d'une grosseur monstrueuse, et le reste foible et languissant.

Cette exclusion sera peu de chose pour la dernière classe de la société, c'est-à-dire pour cette multitude d'individus qui bornés à l'existence physique, ont peu d'idées morales ; mais elle deviendra très-sensible à ceux qui, parvenus à l'éducation et à l'aisance, approchent de tout près des familles dominantes. Ces derniers seront nécessairement humiliés, mécontens, et par un effet bien naturel, sans affection pour un gouvernement qui offense leur amour-propre, (il y a plus) ils en seront les ennemis secrets, et ce sentiment ne manquera pas de se développer, quand une révolution se présentera et avec elle l'espoir d'un autre sort. Qu'arrivera-t-il encore ? Cette portion, toujours réputée suspecte de droit, sera gardée à vue et mise dans un état de surveillance continuelle. Pour s'assurer de plus en plus d'une classe qu'il sait ne lui être pas dévouée, le gouvernement emploiera pour ressort principal l'instrument de l'inquiétude et de la foiblesse jalouse, l'espionnage, la délation et le despotisme. Il sera attentif à permettre à la populace tout ce qui plaît à celle-ci, pour lui faire oublier son abjection et sa misère ; il la divertira sans cesse par des fêtes, des guinguettes, il la laissera vivre dans un excès qu'elle appellera liberté, mais qui ne sera que licence, immoralité, esclavage.

Ces êtres avilis et dégradés deviendront les suivans ou cliens des riches patriciens; ceux-ci ne les laisseront manquer ni de pain ni de spectacles; ceux-là de leur côté seront toujours prêts à défendre leurs patrons, soit pour payer des dettes contractées envers eux, soit pour continuer leur licence, ou obtenir l'impunité de quelques délits, et les patrons à leur tour les auront à leurs ordres, quand il s'agira de machiner des conjurations, des factions, et d'exécuter ce qu'on appelle les grands coups de parti : ainsi, dans le fait, le corps social sera coupé en trois parties réellement divisées d'*esprit, de cœur et d'intérêt*; celle des dominans, qui avec le tems sera très-considérable et formera déjà toute seule un peuple; celle des indigens, qui devenue la plus nombreuse par cette politique, servira d'instrument à la première, et enfin celle du milieu qui sera opprimée par les deux autres, et aura toujours à marcher entre ce double écueil. Ce n'est donc pas sans raison qu'il a été dit qu'avec le tems le principe de l'aristocratie dégénéroit et engendroit le despotisme (*).

Une institution pour être en harmonie avec le premier principe de l'ordre, pour avoir une solidité intrinsèque et durable, doit s'attacher le cœur de tous les individus, donner à toutes les classes de l'émulation, les honorer, les encourager par tous les moyens possibles, et celle-ci produit des résultats contraires.

On a prouvé plus haut que l'égalité politique étoit une illusion dangereuse, mais l'inégalité politique héréditaire, établie par l'aristocratie, est un vice non moins funeste et peut-être plus dangereux, parce qu'il a pour lui une certaine apparence trompeuse d'ordre que n'a pas la démocratie.

Tant qu'une nation est dans son enfance,

____

(*) Peut-être que les choses ne seront précisément pas telles qu'on vient de les décrire, dans toutes les aristocraties : le commerce, la guerre, une émigration continuelle, protégée par le gouvernement, une population très-bornée, ou d'autres circonstances locales pourront modérer du plus au moins les résultats dont il vient d'être fait mention ; mais les principes n'en resteront pas moins dans toute leur force, ils se développeront toujours infailliblement dans un pays riche et où il y a une grande capitale.

ou qu'elle conserve la simplicité des premières mœurs, les effets de ce vice ne sont
pas très-sensibles. On ne voit alors que des
sages dans ses chefs, ces derniers ne pen-
sent pas seulement que magistrature et vertu
soient des choses qui puissent être séparées,
(et il en est ainsi de toutes les sociétés nais-
santes) les mœurs y valent toujours mieux
que les loix; mais quand elles sont arrivées
à cette époque où les talens, les vertus, les
vices, les fortunes (et tout cela va de pair)
sont devenus le partage général, les choses
prennent d'elles-mêmes et forcément une
autre direction. Dans l'aristocratie, la distinction personnelle des magistrats héréditaires diminue : les premiers des plébéiens,
qui les voient de près, qui deviennent les
créanciers de plusieurs, les jugent tels qu'ils
sont, et sentent qu'ils peuvent se passer d'eux
pour faire aller la chose publique, ce que
les premiers ne peuvent dire également des
seconds. Ces idées dans le commencement
ne sont que dans un petit nombre de
têtes, qui se les communiquent avec discré-
tion; mais avec le tems, elles se développent, prennent consistance, et alors il ne faut
plus qu'une légère secousse pour renverser

la très-foible barrière qui reste encore.

On avoit bien cherché dans le régime aristocratique à remédier à ces inconvéniens :
ainsi, par exemple , à Venise on accordoit de
loin en loin le patriciat à quelques plébéiens ,
on n'étoit point très-difficile sur l'article des
dérogeances. Il étoit permis d'épouser des filles
de médecins, d'avocats , de pharmaciens , etc.
et ces mesures avoient produit leurs effets
pendant que le gouvernement avoit la force
pour lui ; mais elles devenoient insuffisantes
devant une révolution qui ne s'attachoit
plus aux formes , et alloit au principe. Il
suffit de réfléchir sur le cœur humain ,
pour voir que les choses doivent terminer
par-là ; mais c'est aussi ce que nous apprend
l'histoire des aristocraties de nos jours , et
même des démo-aristocraties. Elles ont eu
leurs plus grands ennemis ou plutôt leurs
destructeurs dans leur propre sein , ce sont
des citoyens qui ont provoqué le changement
et l'ont introduit dans la cité. On a beau
faire l'éloge de l'ancien régime , chanter ses
victoires et sa longue durée , louer sa bonne
police , sa justice , la sagesse de ses réglemens , etc. tout cela est inutile, l'amour-
propre qui a été offensé pendant long-tems ,

trouve enfin l'occasion de se venger et la saisit par les cheveux. Cette passion dominante de l'homme ne transige avec quoique ce soit au monde, elle compte pour rien, en réfléchissant sur elle-même, les services rendus par une institution qui l'a humiliée pendant des siècles, et fait peu de cas des reproches d'ingratitude, puisqu'elle a contribué aussi aux succès obtenus sous l'ancien ordre de choses ; enfin à son tour, elle veut avoir part à la gloire et à la fortune. Voilà quels ont été dans tous les tems les effets de la civilisation : les lumières et les passions marchent toujours d'un pas égal (*).

(*) Dans la guerre de Suisse (dans cette guerre contre nature, faite à un peuple ami né de la France, et qui dans ses affections n'a jamais distingué ce nom d'avec le sien propre), les Français vainqueurs ont eu la générosité de louer la valeur de ces hommes qui autrefois avoient partagé leur gloire, et selon le rapport de ceux qui ont été à l'affaire d'Undervald, les habitans de ce coin de la terre ont renouvellé ce que l'histoire ancienne et moderne raconte de plus fort en héroïsme et en courage : que n'auroit-ce donc pas été, si les cantons aristocratiques eussent été unis comme les petits? Mais cette union qui suppose une grande vertu, étoit bien difficile, pour ne pas dire impossible, devant une révolution

2°. Dans une aristocratie, il y a nécessai-

---

dont les premières attaques ont été dirigées contre l'aristocratie, et qui en trouvoit même là où il n'y en avoit point. Aussi tous les gouvernemens aristocratiques sont tombés à la fois, comme des échaffaudages qui s'écroulent, dès que la main qui les soutient se retire, et ces événemens qui ne seront pas la partie la moins remarquable de notre histoire, seront les plus instructifs pour la science de l'ordre social.

Venise, cette digne émule de l'ancienne Rome, féconde comme celle-ci en grands hommes, mais qui ne doit pas comme elle sa grandeur à l'oppression du monde, Venise a été tuée par le vice intrinsèque de sa constitution, ou parce que sa souveraineté étoit divisée et profanée par cette division. Mais ce que l'on aura peine à croire, une telle révolution, aussi intéressante pour le midi que celle de la Pologne pour le nord, s'est exécutée presque sans effort et sans secousse. Ce fut un très-petit nombre de citoyens, mécontens de n'être pas des *excellences*, qui allèrent chercher les français sur la terre ferme et firent proclamer la démocratie, malgré toute la multitude qui ne cessa de crier *e viva san Marco*. C'est ainsi, qu'après huit siècles, est tombé ce colosse majestueux, ouvrage du tems, mais de la politique la plus recherchée, qui des lagunes de l'Adriatique où ses fondateurs avoient fui la persécution des barbares, a tenu en respect toutes les forces du levant, qui par sa position a résisté à l'Europe entière, liguée pour la détruire. Venise a jusrement deux peuples, un qui est démocrate, et l'autre qui est sujet de cette démocratie. Le corps dominant est démocratique relativement à lui-même, il recèle donc dans son sein tous les principes de cabales et de fac-

---

tifié comme tant d'autres états, la vérité de cette maxime de Micipsa à ses enfans : *concordiâ res parvæ crescunt, discordiâ maxumæ dilabuntur.* Elle a prouvé que la concorde n'a pas de base solide, quand la souveraineté est dans le corps politique, ou quelques-uns de ses membres. Celle-ci est de droit naturel une, indivise, *au-dessus* et *hors* de la société ; or quand par la confusion de tous les élémens, elle devient le patrimoine héréditaire de plusieurs familles, il est tout simple que les autres prétendent un jour ou un autre au même partage et ce jour ne manquera pas d'arriver. Tout cela n'est que le cours des choses humaines, ou l'effet de cette inquiétude qui porte l'homme sans cesse à augmenter son bonheur. Mais avoir imaginé de fonder une démocratie à Venise, me semble être le projet le plus extravagant qui ait jamais existé. Une démocratie dans une ville où il y a d'un côté une excessive populace, et de l'autre une opulence sans mesure, un faste vraiment royal, c'étoit la chose évidemment impossible, où plutôt c'étoit vouloir changer de maître. Ce projet n'étoit pas plus exécutable, et par les mêmes raisons, à Gènes et à Milan.

tions inhérentes à ce régime. Quand on supposeroit que les membres d'un sénat puissent tous être distingués par des vertus, ils ne pourroient exister long-tems dans un état d'égalité. Il en sera de ces assemblées (principalement si elles sont nombreuses) comme de celles des peuples démocrates. Le plus *grand nombre* n'y sera que l'instrument du *très-petit*, et peut-être même d'un seul, la grande majorité des hommes étant dans l'impossibilité de s'occuper des affaires publiques, elles sont en tout pays et même dans le sénat le mieux composé, administrées par une très-petite oligarchie.

3°. La dépravation totale des mœurs est la conséquence naturelle de l'aristocratie : et en vérité, quelles peuvent-être les mœurs, dans un gouvernement qui a besoin, pour se maintenir, d'esclaves, d'espions, de délateurs et de despotes ? Aussi voyez l'expérience, il n'est pas d'état où il y ait plus de fausseté, deperfidie, d'empoisonnemens, d'assassinats que dans celui dont nous parlons. Il n'en est pas où il se trouve tant de ces monstres qui pour une vile pièce de monnoie, font le métier de coupe-jaret, et vont de sang-froid assassiner des gens qu'ils n'ont jamais connus.

Les bonnes institutions politiques sont incapables d'elles-mêmes et toutes seules, ainsi qu'il a été démontré, de réprimer les passions et de rendre l'homme meilleur. Que sera-ce, si bien loin de réprimer elles favorisent ses mauvais penchans (*) ?

— Le gouvernement de l'ancienne Rome étoit aristocratique, il a fait le peuple le plus célèbre, le plus heureux de la terre; donc vos assertions sont fausses et très-hasardées.

= 1°. On ne peut avec exactitude comparer l'ancienne république romaine aux aristocraties modernes, puisque ce peuple

---

(*) Le climat du Vénitien, du Bergamasque, etc. n'est pas différent de celui des provinces méridionales de France, pourquoi donc dans les premiers tant de meurtres, de coups de stilet ? Cela ne vient-il pas d'un système qui fait des patrons et des cliens, et qui intéresse les premiers à favoriser l'impunité des seconds ? On a observé que ces sortes de crimes étoient moins fréquens dans les autres parties de l'Italie où la même forme de régime n'existoit point; ce qu'il y a de certain, c'est qu'ils n'étoient point à beaucoup près aussi communs dans le Milanois, la Toscane, ou autres gouvernemens d'un seul, que dans la terre ferme de Venise.

avoit une part active dans le gouvernement, non par lui-même, il est vrai, mais par ses tribuns qui en maintes occasions balancèrent l'autorité du sénat.

2°. Si l'on n'envisage les objets que d'un côté, c'est-à-dire, sous celui qui frappe ou éblouit davantage le vulgaire, il est certain que l'aristocratie (et en général la forme républicaine) doit produire de grandes choses, sur-tout quand elle est guerrière et puissante. Ayant dans son sein et au-dehors les plus grands ennemis, placée entre ces deux écueils, elle ne peut se soutenir que par les talens et la vigilance des chefs. Ainsi dans cet état, l'éducation sera exclusivement dirigée vers la politique et la guerre. Toutes les facultés des individus de la première classe ne seront exercées qu'au maintien d'une constitution qui fait tout pour eux, qui pourra élever leurs maisons à l'opulence et au faste des rois. L'aristocratie guerrière aura donc pour l'ordinaire (et généralement parlant) plus d'hommes d'état, plus de grands capitaines qu'un *autre* gouvernement : voilà ce que prouvent l'ancienne Rome et Venise dans l'Europe moderne. Les desseins bien formés d'envahissement et de domination universelle de la pre-

mière, les ennemis que ces principes lui sus-
citèrent de toute part, ses premiers succès
au-dehors, l'opposition journalière établie
par les loix, entre le sénat et les tribuns, les
divisions intestines qui en furent la suite nécessaire, cet état permanent d'incertitude et de
danger, enfin cette alternative continuelle de
craintes et d'espérances, ont dû former soit
dans le sénat, soit dans le peuple, des hommes
supérieurs, et il en sera ainsi de toute république qui aura le même esprit. Mais ce
n'est pas sous ce point de vue qu'il faut se
borner à considérer les choses : l'aristocratie
est-elle conforme au principe de la souveraineté par essence ? Rend-t-elle le peuple heureux? Lui procure-t-elle ces grands biens que
nous appellons liberté, égalité civile, et qui
sont le seul but de toute institution ? Tous les
moyens de perfectibilité humaine sont-ils dans
cette forme dirigés vers le bonheur de tous? Les
passions qu'elle développe n'y font-elles pas
plus de maux que de bien ? Voilà ce qu'il
importe de décider. Or, si l'on examine la
question sous cet aspect, on avouera que
la république romaine a été un foyer perpétuel d'animosités, d'antipathies, de haines,
même dans les tems les moins agités :

que dans une telle situation le peuple n'a
pu avoir des mœurs, ni être heureux, si
tant est que pour le bonheur il faille des
mœurs.

3°. Les Romains ont reconnu eux-mêmes
combien leur forme politique avoit de dangers et d'inconvéniens : quand les désordres
étoient parvenus à un certain dégré, et cela
arrivoit toujours après certaines époques fixes
et régulières, c'est-à-dire lorsque la mesure
du mal étoit comble, alors ils ne trouvoient
plus de remède que dans un despotisme
sans bornes et même extravagant, sous le
nom de dictature, remède qui pouvoit toujours être pire que le mal, comme l'a justifié l'exemple de Sylla.

Mais quoiqu'il en soit, ce qui ne peut
être révoqué en doute, c'est que la fortune
prodigieuse de l'ancienne Rome vient moins
de sa constitution que de la supériorité de
son art militaire et du succès de ses armes :
les vices de l'aristocratie y furent compri-
més par la guerre ; mais ils s'y développè-
rent aussitôt qu'il n'y eut plus d'ennemis à
combattre, et renversèrent la république.

Pour juger de la sagesse d'une constitution, c'est bien peu de la voir dans quelques

accessoires brillans et qui en imposent à l'imagination, il faut l'examiner dans ses rapports directs avec les besoins de l'humanité.

Les batailles gagnées, les conquêtes, les triomphes attestent la supériorité du vainqueur; mais ils ne prouvent point l'excellence du gouvernement, ni le bonheur qu'il procure aux peuples, ils sont même une preuve certaine du contraire.

CONFÉRENCE V.

Sur la Monarchie. Que dans la nature il n'y a de Gouvernement que celui d'un seul; que la Loi qui nomme d'avance le successeur au gouvernement, est en parfaite conformité avec les principes du droit naturel.

LE peuple ne peut être souverain par la raison qu'il est libre, et que *libre* et *sujet* sont des correlatifs nécessaires.

La souveraineté ne peut pas non plus être héréditaire dans une certaine classe du peuple, parce qu'elle est une et indivisible, que cette division amenant toutes les inégalités, est une source intarissable de despotisme. Comment donc la souveraineté doit-elle être organisée pour être en harmonie avec l'essence des choses? C'est encore ce que vous ne pourrez déterminer, si vous ne remontez aux principes; mais avec eux vous résoudrez les problèmes les plus difficiles.

Les élémens d'ordre moral ne peuvent être pris que dans la nature des choses morales, comme ceux de l'ordre physique ne sauroient l'être que dans celui-ci. Le vrai souverain pour des êtres moraux, est nécessairement l'être suprême, sans cela, il n'y a ni êtres moraux, ni moralité. Ces principes posés, nous disons : les hommes ont une image de la souveraineté parfaite dans le père de famille, donc le pouvoir paternel est une véritable image de la souveraineté; donc aussi le gouvernement d'un seul est en harmonie avec ce premier type de la souveraineté. Il y a, me dit-on, une différence prodigieuse entre une famille et un peuple, entre les affections et le travail d'un père et ceux d'un monarque, ces choses ne peuvent se comparer, ou leur comparaison est absurde ; donc le gouvernement d'un seul ou la monarchie n'est point dans l'ordre naturel.

Oui sans doute, il y a l'immensité dans ces différences, si vous considérez les objets sous le rapport du grand au petit, ou dans leur existence extérieure, mais il n'en est aucune dans les principes. Sous ce point de vue, un chef politique n'est qu'un père de famille, il n'est à sa place que lorsqu'il sent et agit en père de famille. L'empire le plus vaste n'est heureux que lorsqu'il approche de l'état de famille.

— Ces maximes sont belles dans la spéculation, mais elles ne peuvent se réaliser dans la pratique ; le gouvernement d'une famille n'est pas au-dessus des forces de l'homme, la nature y a pourvu ; mais un individu, quel qu'il soit, ne peut tout seul gouverner un peuple , il est obligé forcément de partager son autorité ; donc la monarchie est réellement contraire à la nature.

= Il n'est pas vrai que le père tout seul puisse gouverner sa famille; cette charge, toute petite qu'elle paroisse, est déjà au-dessus des forces humaines; mais il en est le chef unique, il est le principe de l'autorité ; il a ses agens , ses intermédiaires auxquels il la communique et qui lui en doivent compte. Si les choses n'étoient pas ordonnées de la sorte, nous ne verrions pas exister une seule chaumière.

Dieu lui-même ne gouverne pas le monde immédiatement, mais par des ministres qui agissent en son nom. Il est la source de tous les pouvoirs, tous viennent de lui et lui répondent.

Voilà comme se doit entendre l'ordre moral, si vous l'entendez autrement, cet ordre n'existe plus. Le père de famille et le chef de l'état ne sont l'un et l'autre que des ministres ; la société est une chaîne dont tous les anneaux se correspondent depuis le premier jusqu'au dernier, et réciproquement depuis celui-ci jusqu'à celui-là ; le dernier, le plus chétif des individus est un de ces anneaux, il a un ministère à remplir, il a sa portion de responsabilité. Ou il faut admettre toutes ces conséquences, ou il faut nier que les hommes soient élevés à la moralité.

— Il suit de cette explication que les hommes vivent sous une théocratie.

═ Non, point du tout : les hommes sont entiérement libres de se gouverner comme ils veulent ; mais si vous admettez qu'ils sont des créatures morales, vous conviendrez que la perfection de leur gouvernement comme de tous leurs autres ouvrages, ne peut consister que dans son rapprochement avec le principe de la moralité.

— D'après les maximes que vous venez de développer, nous concevons que la monarchie est le seul gouvernement de la nature, c'est-à-dire, le seul en harmonie avec la souveraineté par excellence ; mais nous ne voyons pas pour cela qu'il doive être constitué héréditaire ou que l'ordre de la succession doive être réglé avant la mort du chef, cette conséquence ne sort pas du principe. Loin de là : nous y en voyons une entièrement opposée. En effet, si le chef de l'état n'est que le père de famille, il doit toujours être le plus digne, le plus vertueux de la société ; c'est donc à celle-ci à le nommer, et à sa mort à le remplacer par celui qui mérite le plus d'être élevé à cette place éminente. Or, rien n'est plus destructif de tous ces résultats que l'hérédité du pouvoir souverain.

= Cela paroît ainsi au premier apperçu. Des êtres moraux devroient se conduire avec l'esprit de la moralité, et conséquemment nommer toujours pour leurs chefs des hommes les plus distingués entr'eux, ceux qui se sont montrés les plus capables d'exercer les vertus de la souveraineté par excellence. Et puis, cette mesure a lieu dans l'ordre spirituel lui-même, et par conséquent il sembleroit que la sagesse humaine n'a pu trouver un meilleur moyen que l'élection.

Mais il faut ici faire plusieurs observations importantes : 1°. le chef de l'ordre spirituel, en cette qualité, n'a aucun pouvoir exécutif, il n'a ni or ni armées, son pouvoir n'a de jurisdiction que sur les consciences. 2°. Les électeurs et les éligibles de cette monarchie purement morale, forment un aréopage très-circonscrit, composé des hommes les plus respectables, qui ont embrassé le célibat pour se vouer tout entiers à l'enseignement de la vérité, d'hommes tous unis de principes et parvenus à l'âge où il n'y a plus de passions. Ainsi l'élection du chef spirituel ne peut entraîner de grandes divisions ni de grands maux.

Mais quelle différence avec le monarque civil! celui-ci est tout à la fois pouvoir législatif, exécutif, il a dans ses mains tous les trésors, à sa disposition toutes les forces de l'état; il est dans l'ordre que sa personne soit environnée de toute la majesté convenable au représentant de l'être suprême; il est dans l'intérêt général qu'il soit dans la force de l'âge, qu'il devienne père de famille, que ses enfans reçoivent une éducation distin-

guée, pour être en état de partager ses travaux. Cette place est donc le dernier terme
de la grandeur humaine, et si la succession
n'en est pas réglée d'avance, elle deviendra
à sa mort l'objet de toutes les grandes am-
bitions, de toutes les grandes passions. Elle
sera disputée par les enfans du chef qui
n'est plus, par des nationaux, par des étrangers; la souveraineté sera donc exposée à
mille chances incalculables : elle donnera
lieu à des troubles intérieurs, à des guerres
étrangères, comme l'expérience ne l'a que
trop justifié.

Or, c'est pour parer autant qu'il est possible à ces inconvéniens, ou les modérer,
que la science des hommes et des choses a
été forcée de rendre la souveraineté perpétuelle, soit en la rendant héréditaire dans
une famille, soit en chargeant le chef de
l'empire par une loi positive de nommer son
successeur.

Voilà le moyen qui jusqu'à présent a été
employé chez les peuples les plus civilisés,
et qui ont le plus travaillé à la perfection
sociale.

— Cette mesure, quels que soient ses
prétendus effets, est manifestement contre la

nature de la souveraineté par excellence, que vous avez définie la source indivisible de toutes les vertus. Si cette définition est juste, l'exercice du pouvoir suprême ne peut être confié qu'à l'homme le plus grand, le plus sage : or en la soumettant à l'hérédité, vous la subordonnez nécessairement au hasard ; donc rien n'est plus destructif de tout ordre moral, il est impossible en principes de répondre à cet argument.

= Si nous supposons un esprit, une intention quelconque dans cette institution, il n'a pas été sans doute de livrer les plus grands intérêts au jeu du hasard ou aux caprices de l'aveugle fortune. Nous devons donc supposer qu'elle a eu un but moral quelconque, (et ce but n'a pu être que celui de rendre les sociétés plus stables, plus heureuses), le tout cependant d'après les possibilités que présente le cœur humain, et les résultats de l'expérience, et si ces résultats ont été effectivement produits par la constitution qui a rendu la souveraineté héréditaire, ou qui a réglé la succession présomptive, nous pouvons conclure avec raison qu'elle est aussi dans le droit naturel. 1°. Si l'on considère

l'hérédité

l'hérédité ou la successibilité du pouvoir en elle-même, on trouvera que déjà toute seule , et indépendamment de la personne du monarque, elle apporte à la société des avantages inconnus dans les autres états : ceci semblera peut-être un paradoxe, et cependant, rien de mieux établi. En effet : 1°. de toutes les institutions sociales, la monarchie est celle qui dure 'e plus ; or ce qui dure le plus, est sans contredit en tout genre ce qui est le plus parfait et convient le mieux à des êtres perfectibles.

Si le sort de la société devoit dépendre entièrement de ceux qui la commandent, s'il étoit subordonné en tout aux qualités personnelles des chefs, il est hors de doute que la monarchie dureroit infiniment moins que les autres formes politiques, car celles-ci comme nous en sommes convenus, ne se maintiennent que par des grands hommes, et par des efforts de vertu ; mais c'est précisément ce qui prouve le mérite réel et intrinsèque de l'hérédité ou de la successibilité du pouvoir souverain. Les constitutions électives, qui ont toujours l'effet de développer les plus grands talens, n'ont pas eu une durée aussi longue que la première, parce qu'en même tems, elles développent aussi les plus grandes passions, et que celles-ci causent toujours plus de mal aux peuples que ceux-là ne leur font de bien.

L'état d'équilibre en toutes choses est le vœu de la nature : si la société demande des talens, elle a encore plus besoin de vertus, et la science sociale consiste à obtenir également et les uns et les autres, or voilà précisément ce que fait l'hérédité de pouvoir. Nous voyons de vastes monarchies, malgré la médiocrité de ceux qui y sont élevés, subsister plus long-tems que des républiques, mais d'où peut venir un résultat si digne de notre attention? N'est-ce point parce que la force des choses vient au secours de la foiblesse humaine, que des institutions, quand elles sont conformes au droit naturel, fixent l'état social d'une manière plus solide que le mérite accidentel et transitoire des hommes?

Nous avons sous les yeux de vastes empires qui pendant long-tems ont eu à leur tête des femmes et des enfans?

Voilà ce me semble un phénomène bien extraordinaire pour quiconque veut bien observer la marche de ce monde, mais à quelle cause pourra-t-on le rapporter? Certes, il me paroît impossible de lui en donner une autre que la loi qui a reglé d'avance la succession au gouvernement.

Plus les passions sont terribles par l'objet qui les anime, plus il faut leur opposer une barrière capable de les contenir, et rien n'a pu produire ce grand effet, ou plutôt cette espèce de miracle, que l'immobilité du trône. Celle-ci a la vertu de tenir en équilibre les élémens les plus opposés. Elle a été pour ainsi dire plantée au milieu du monde moral, comme ces pics en pleine mer, au pied desquels viennent se briser les plus furieuses tempêtes, ou pour mieux dire la sagesse appuyée sur l'expérience lui a donné cette organisation sur le modèle de l'immuabilité de l'être suprême. Oui, ce sont les sages qui l'ont donné à la société, afin que son chef ne mourût pas, et fût immortel comme elle, afin qu'il eût dans toute l'étendue possible la puissance qui lui est nécessaire, puissance comme nous l'avons dit, qui est le *premierattribut* de la souveraineté essentielle.

Quelle différence dans les résultats des élections qui au premier apperçu, semblent plus régulières. Le bonheur public dans ce régime n'est attaché qu'aux vertus, à la fortune, à la santé des personnes élues; le sort de l'état y est donc toujours précaire, incertain, sujet à toutes les foiblesses de l'humanité, et (qui pis est) aux coups du hazard, aux réactions de l'événement le plus imprévu.

Tous ces inconvéniens disparoissent devant l'hérédité et la successibilité du pouvoir central ; la monarchie est le vaisseau de l'état, l'unité indivise du pouvoir en est le gouvernail, l'hérédité est l'ancre qui assure le vaisseau contre les tempêtes, et cet ancre est si fort qu'il supplée à la foiblesse du pilote, à sa maladie, à son absence, à sa nullité, etc. n'est-ce pas encore ce que montre l'expérience de tous les tems?

Le chef éventuel ou présomptif est encore dans le sein de sa mère, ou c'est un enfant, ou le monarque est prisonnier de guerre, ou il est éloigné de son peuple, etc. ces événemens qui ont lieu chez toutes les nations, auroient dû faire renoncer à toute idée de monarchie ; hé bien, les malheurs, les bouleversemens qu'ils ont fait craindre, ont tous été contenus par la vertu de l'hérédité; la personne du chef n'existe pas encore, ou il est absent, mais le trône est là; la souveraineté est immortelle, elle vit et veille sans cesse.

Nous sommes étonnés, lorsqu'on nous parle de l'antiquité de la Chine, et nous avons peine à y croire; mais notre étonnement devroit cesser, si nous observions que c'est une monarchie héréditaire, calquée entièrement sur l'autorité paternelle. Si le gouvernement chinois eût été électif, on ne parleroit pas de cette durée à laquelle rien n'est comparable; quoiqu'il ait subi toutes les révolutions que supposent 22 dynasties, aucune n'a changé l'hérédité, les vainqueurs et les vaincus se sont également soumis à cette loi fondamentale. N'est-ce pas ce qui donne la raison de ce phénomène politique.

2°. Cette institution produit un autre effet non moins précieux (et le régime électif produit un résultat tout contraire), c'est de perfectionner l'homme qui y est élevé.

Il n'est pas sur nous de puissance plus active que l'éducation, qui pour cela est appellée une seconde nature : elle seule fait la différence morale que nous voyons entre les individus. Lorsqu'on la cultive avec soin de père en fils, elle forme ces familles distinguées qui chez toutes les nations sont et la force et la noblesse des empires; telle est la puissance admirable de l'exemple, d'une longue habitude, d'une application commencée dès l'âge le plus tendre, et sur-tout de cette émulation qui porte les enfans à suivre leurs pères dans la carrière où ceux-ci ont acquis un grand nom et de la gloire. Ces règles ne peuvent être contestées, elles sont dans la nature; mais pourquoi n'en ferions-nous pas l'application à l'ordre social? Les sciences auxquelles la vie humaine ne suffit pas, ne seront-elles pas mieux approfondies? Les emplois qui exigent une étude toujours nouvelle, ne seront-ils pas mieux remplis par ceux qui y auront été disposés dès leur enfance, que par des hommes neufs et qui jusqu'alors ont eu des occupations différentes, quand bien même ils auroient des talens et des dispositions naturelles?

Celles-ci, sans doute, sont du plus grand avantage; mais elles ne suffisent pas pour l'ordinaire, si elles ne sont développées et dirigées par l'éducation la plus soignée, et si cette éducation ne travaille dès l'âge le plus tendre à cultiver les qualités du cœur autant que celles de l'esprit : cette vérité est aussi ancienne que le monde, *doctrina sed vim promovet insitam, recti que cultus pectora roborant.* Ainsi, en réfléchissant sur la puissance de l'éducation, ce premier instrument de notre perfection, nous conviendrons que l'hérédité peut encore donner la *sagesse*, qui est le *second* attribut de la souveraineté, en tout cas, que ce moyen a dû être employé, parce qu'il est réellement dans la nature des êtres perfectibles.

3°. Si vous étudiez le cœur humain, vous reconnoîtrez qu'il doit devenir meilleur en raison du point où l'homme est élevé au-dessus des autres : en effet, les deux passions qui le tourmentent et corrompent le plus, sont celles de la fortune et de la gloire.

Voilà les deux idoles auxquelles il sacrifie tout, repos, santé, honneur, probité, etc. mais si un homme obtient tout-à-coup au-delà des vœux de la plus vaste ambition, s'il est comblé de tous les biens de ce monde, sans autre condition que d'être juste et bon, s'il n'a plus rien à desirer, si l'institution a rendu ses enfans aussi heureux que lui, s'il n'a plus besoin d'intriguer pour eux, si enfin dans son fils, ses yeux voient le fils de la patrie, l'héritier de son bonheur (et ce qui en est le comble), ne peut-on pas présumer avec fondement qu'il sera exempt des passions qui travaillent les autres hommes, les rendent si méchans, et si l'on ajoute que l'éducation l'a disposé aux sentimens les plus élevés dès son berceau, que son ame en a été alaitée, ne devrons-nous pas conclure que le gouvernement d'un seul héréditaire donnera aussi la *bonté* quiest le *troisième* attribut de la souveraineté (*)?

(*) Les hommes sont si foibles, que ce sont toujours les choses qui les font, et non eux qui font les choses. L'histoire du monde n'est que la confirmation de cette vérité.

Titus avant son avénement au trône est bien différent de ce qu'il est depuis. Le triomphateur des juifs et le chef de l'empire sont deux autres hommes ; il en est de même de tous les honnêtes gens qui ont fait de grandes fortunes. et tout cela est dans la nature perfectible : ils n'ont plus qu'à jouir, et la première des jouissances pour un être moral est de faire le bien. Sans doute je ne parle pas des monstres ni de ceux qui se sont élevés sur le crime et ne se maintiennent que par le crime, ils sont toujours malheureux, ils ne peuvent donc être bons ; loin de se perfectionner, ils se dépravent.

4°. L'hérédité du pouvoir rend la société plus heureuse que toute autre institution. C'est dans ce gouvernement seul, qu'il se trouve de l'égalité et de la liberté : tous y sont sujets , si les citoyens sont soumis au chef, celui-ci l'est aux lois fondamentales. Ainsi il y a sous ce point de vue une véritable égalité , et d'autant mieux ordonnée qu'elle pose sur deux bases différentes. Dans la république , tous sont égaux , parce qu'ils imaginent être tous souverains. Dans la monarchie perpétuelle constituée , tous sont égaux , parce que tous (le monarque lui-même) y sont sujets : laquelle de ces deux égalités est la plus conforme à la vérité et à la nature ? Cela pourroit-il encore faire la matière d'un problème ? Oui, dans cette constitution , le monarque est sujet des loix et de l'opinion publique (et vous verrez dans une autre conférence combien est grande cette sujétion). Cependant veut-on qu'il soit maître , il est au moins l'unique dans l'état : mais sous la domination des assemblées républicaines , il y a autant de souverains sur terre que de dieux au Panthéon. Il y a donc très-réellement égalité dans le premier gouvernement et inégalité dans le second.

5°. Sous un chef héréditaire , la société

prend une forme régulière constante qui semble imiter l'ordre de la nature, où tous les êtres sont successivement éclairés, vivifiés par le même soleil. Ces élections dont l'une appelle l'autre, et qui tiennent toutes les passions en haleine, n'existant plus, chacun des officiers publics se perfectionnera dans sa place, et aura fait ses preuves avant de monter à celle qui lui est supérieure ; les sciences et les arts seront portés à leur plus haut point de perfection ; les savans, les artistes, satisfaits de la gloire qui est le prix du génie, l'étendront par des chefs-d'œuvres nouveaux ; comme ils ne seront plus humiliés de voir un égal revêtu du pouvoir souverain, ils ne seront plus tentés de quitter une carrière où ils ont tant acquis, pour courir après un genre de célébrité souvent incertain.

Enfin ce régime donnera la douceur aux mœurs publiques, les citoyens d'une même ville ne seront plus dans le cas de se craindre et de s'observer ; la dissimulation, la perfidie, la délation chercheront d'autres théâtres.

La nation entière acquerra un caractère d'affabilité, de politesse, qui la fera aimer, rechercher du monde entier ; en un mot, elle sera une grande famille, le seul état où il

y a quelque peu de bonheur, et qui con-
vienne à des êtres moraux. Voilà une très-
foible esquice des bienfaits attachés à la monarchie, et que nous montre la simple étude
du droit naturel.

Et personne ne dira qu'ils sont de pure
spéculation : qui pourroit douter que les
mœurs qui ont tant distingué les françois
des autres nations, ne soient dues en grande
partie au gouvernement sous lequel ils ont
vécu quatorze siècles, ou qu'en tout cas celui-
ci n'ait secondé merveilleusement le caractère heureux dont les a gratifié la nature?

CONFERENCE VI.

Coup-d'œil sur les effets des institutions diverses, ou preuve tirée de l'histoire que le gouvernement d'un seul, héréditaire de sa propre nature et indépendant du chef, tend à donner la liberté, l'égalité. Que le républicanisme, malgré le magistrat lui-même, engendre de sa nature l'oppression, l'inégalité, qu'il n'y a de république que sous le gouvernement d'un seul.

CE que j'ai dit sur la monarchie, dans la conférence dernière, n'est qu'un développement de droit naturel, ou l'explication de notre définition sur la souveraineté par excellence. J'ai raisonné en théorie, posé des principes et tiré des conséquences, enfin j'ai taché de vous élever à la hauteur du sujet que nous avions à considérer ; mais cette discussion ne resteroit-elle pas incomplette, si nous n'y joignions point le résultat de l'expé-

rience, cette pierre de touche de tous les raison-
nemens? Or, celle-ci m'apprend que nulle
institution n'a travaillé depuis plus long-tems
et plus franchement à la liberté, à l'égalité
générales que la monarchie, et que l'esprit
républicain a toujours agi dans un sens contraire. Il y auroit sans doute beaucoup à
dire sur ce chapitre, qui s'il embrassoit toute
l'étendue dont il est susceptible, fourniroit
un tableau fort intéressant et répandroit de
très-grandes lumières à l'avantage de l'humanité; mais il appartient à l'histoire, et
dans un ouvrage tel que celui-ci, je dois
me borner à quelques faits dont la suite non
interrompue justifie qu'ils appartiennent au
même principe, et que ce principe agit par
sa propre vertu, indépend nt des hommes.

Dans un tems où l'Europe étoit plongée
dans la barbarie, où des restes de l'ancien
esclavage, sous différens nom ou des formes diverses, existoient encore dans cette
partie du monde, le gouvernement monarchique fut le seul qui s'occupa de réformer
ou adoucir cet abus de la force, le seul qui
sous ce point de vue, mit de l'accord entre
les loix civiles et les maximes évangéliques,
et si dès ce tems-là il ne parvint point à le

supprimer entièrement, c'est qu'il fut toujours contrarié dans ses vues bienfaisantes, par l'intérêt particulier ou même par l'ignorance.

En 1135, la monarchie établit les communes, (c'est-à-dire, les villes dont les habitans avoient le droit de se gouverner par eux-mêmes) et dans le même tems elle supprime les serfs dans ses domaines. En 1223, elle réitère le même affranchissement. En 1314, elle rend une loi conçue en ces termes, bien plus simples et plus clairs que les droits de l'homme : « Comme selon le droit de na-
» ture, chacun doit être franc, nous consi-
» dérant que notre royaume est dit le royaume
» des francs, et voulant que la chose soit
» concordante au nom, avons ordonné et
» ordonnons que par-tout notre royaume,
» franchise soit donnée à bonne et valable
» condition, et pour que tous les seigneurs
» ayant hommes de corps prennent exemple
» à nous de ramener la franchise. Donné à
» Paris, le tiers juillet 1314 ».

Depuis cette époque, ces maximes se sont toujours perfectionnées, elles ont formé le droit public de l'état, et sont devenues des loix fondamentales, qu'il n'eût pas été au pouvoir du monarque lui-même de révoquer.

Aussi depuis plusieurs siècles, il n'y avoit plus en France d'esclavage proprement dit, ou ce qu'on appelloit servitude y étoit fort adouci, lorsque des propriétés en Amérique étant venu placer de nouveaux esclaves sous l'empire françois, elles obligèrent son gouvernement de faire des loix particulières sur les rapports qui s'établissoient entre ces hommes et leurs maîtres. Or, que fit la souveraineté monarchique dans cette circonstance ? Déclara-t-elle les nègres libres comme on pourroit peut-être le supposer, d'après ce qui vient d'être dit de son amour pour la liberté? Non : mais elle fit un code ou un recueil de réglemens qui avoient tous pour objet d'alléger le sort actuel de cette race infortunée, et de la disposer à la liberté. Le souverain ordonne qu'ils soient instruits dans la religion chrétienne, régle leur nourriture, leur entretien, défend aux maîtres de les excéder, les met sous la protection des tribunaux, les déclare libres après un an de résidence sur le territoire de la mère patrie, encourage les affranchissemens par tous les moyens qui sont en son pouvoir, enfin il dit, article 59 de la même loi: « Voulons que le mérite d'une li-

» berté acquise produise sur les nègres, tant
» pour leur personne que pour leurs biens,
» les mêmes effets que le bonheur de la li-
» berté naturelle cause à nos autres sujets».

Certes, je ne sais s'il étoit possible d'en
faire davantage, eu égard à la qualité des
individus, au tems et aux circonstances;
sans doute la souveraineté ne déclare pas les
nègres libres tout d'un coup et en masse (c'eût
été les replonger dans l'esclavage), mais pour
parvenir à ce but, elle emploie un moyen
plus doux, et plus sûr tout-à-la-fois; elle
ordonne qu'ils seront élevés dans les principes
des hommes libres, dans les maximes de
leurs propres maitres, afin que les uns
cherchent à mériter la liberté, et que les
autres ne puissent la refuser à ceux qui
auront prouvé en être dignes; elle agit
d'après ce principe de droit naturel, qu'a-
vant de faire un citoyen, un homme libre
ou civilisé, il faut au préalable faire un être
moral, ou du moins l'instruire des règles
de la moralité.

Non, je ne puis refuser mon hommage
à la sagesse de ces réglemens; il me semble
que la souveraineté a mieux que la philosophie, saisi la question, et résolu le
grand

grand problême sur la liberté des nègres.

Il est vrai, elle ne les a pas affranchi en masse, mais elle a pris le moyen de les rendre libres en détail, selon le mérite de chaque individu, et si les dégrés de liberté sont des actes de justice distributive, dans un monde d'êtres tous perfectibles, il ne me paroît pas qu'il fût possible d'envisager cette question sous un point de vue plus véritable, comme il ne me paroît pas non plus, que la malheureuse Afrique puisse sortir jamais de son état d'esclavage naturel, si elle n'embrasse les principes qui ont civilisé l'Europe et l'ont rendu libre.

En effet, il faut bien se persuader que les loix sont nécessairement toujours subordonnées aux maximes; qu'ainsi, dans le christianisme, il n'y a pas d'esclavage proprement dit, quand même la loi emploieroit cette expression, puisque sous le premier et le plus important des rapports, les esclaves sont égaux à leurs maîtres, de la même société que ceux-ci, et enfin que sous l'évangile, il ne peut exister d'esclaves selon l'ancienne et rigoureuse acception de ce mot. Mais rappellons encore quelques actes de la monarchie:

C'est elle qui dans les tems postérieurs a

supprimé de son propre mouvement une multitude de droits contraires au droit naturel, tels que ceux d'aubanité et autres vestiges de l'ancienne barbarie; c'est elle qui a rayé la question du code criminel, et si cette mesure inhumaine, équivoque, ne subsiste plus aujourd'hui dans les républiques voisines de la France, elles en sont redevables à la révolution qui, avec ses maux, leur a porté aussi les avantages des institutions monarchiques.

Je ne rapporterai pas ici tout ce que la souveraineté une et héréditaire en France ou en d'autres pays, a fait pour la liberté (*) ce travail seroit beaucoup au-dessus de mes forces. Je ne dirai pas non plus qu'elle avoit fait sous ce rapport tout ce qu'il étoit possible qu'elle fît, (toujours elle fut traversée dans ses desseins, d'ailleurs par une suite de son respect pour la liberté civile, elle avoit cru en justice, ne pouvoir renverser d'autorité, des objets que le tems et les préjugés sembloient avoir mis dans

____

(*) C'est la monarchie qui a supprimé la servitude en Hongrie ; et tous les jours elle travaille dans le même esprit en Pologne et en Russie.

la classe des propriétés) mais je crois en avoir assez dit à tout homme qui cherche la vérité pour justifier mes assertions

La monarchie de sa *propre nature* donne la liberté et l'égalité ; l'aristocratie , *de la sienne* , organise le despotisme et l'esclavage (*). Enfin la démocratie n'est pas un *gouvernement*, ou elle dégénère en aristocratie.

Voilà des résultats qui ne peuvent plus être contestés, ils sont écrits sur toutes les

---

(*) L'histoire de la Pologne me semble avoir résolu tous les problêmes politiques : elle a décidé irrévocablement que le sort d'une nation dépend de la forme de son gouvernement et non des choses physiques ni des hommes ; qu'un peuple, malgré la fertilité d'un terrein immense , quelquefois des rois sages , des familles vertueuses , sera toujours misérable , composé d'oppresseurs et d'opprimés , sans force au-dedans et au-dehors , tant que l'ordre social n'y sera point organisé sur le modèle dont il doit être l'image.

Elle démontre cette histoire , d'une manière plus sensible que toutes les théories du monde , qu'une aristocratie *royale* , ou qu'aristocratie et *république* sont de vrais contresens, enfin que l'unité , l'indivisibilité , l'hérédité du pouvoir sont dans le droit naturel , et que le régime électif lui est contraire. si toutefois le bien public est dans ce droit.

12 *

pages de l'histoire ancienne et moderne. Il suffit pour les voir de jetter les yeux sur l'état actuel du monde, mais il convient aussi d'en rechercher les causes, rien n'est plus digne de votre attention : quoi! depuis neuf à dix siècles, dans des tems d'ignorance, au milieu du faste et de la corruption des cours, des chefs, dont le personnel n'a pas toujours été sans reproches mérités, ou même dont les mœurs ont été mauvaises, ont fait ce qui étoit en leur pouvoir pour rendre également libres tous leurs sujets! et les républicains aux mœurs simples et sévères, qui ne parlent que de liberté et d'égalité, ont tenu une conduite absolument opposée ; ils ont toujours eu dans leur sein des citoyens de plusieurs dégrés, ils ont eu même des sujets : certes, voilà pour la philosophie une singularité bien remarquable ; mais si l'on y réfléchit, on verra que cet ordre a dû s'établir. En effet, 1°. si tous les individus dans ces états eussent été également libres, la démocratie eût été trop forte, ces gradations, ces inégalités la tempéroient, la modéroient ; elles étoient donc devenues nécessaires pour empêcher un faux principe de prendre trop d'accroissement.

2°. Si vous étudiez la nature du cœur humain, vous trouverez aussi que les choses ne pouvoient s'arranger autrement; les droits des républiques sont des propriétés héréditaires, et il n'est pas dans la nature de céder ou partager des propriétés qui par-là deviendroient nulles. La qualité de patricien dans ces régimes, est la seule chose qui donne de la considération, et mène à la fortune : or l'homme tient naturellement à des avantages si précieux (*). Les petites fortunes, les petits honneurs ne font qu'aiguiser l'ambition, et voilà pourquoi la démocratie est contraire à la liberté, à l'égalité ; les familles patriciennes y prennent naturellement un esprit d'exclusion, elles s'efforcent toujours de diminuer et affoiblir la *cité*, pour éviter la concurrence, et jouir exclusivement de leurs

---

(*) On a vu payer des sommes immenses pour obtenir le droit de cité ou la bourgeoisie dans certaines villes libres, notamment à Francfort sur le Mein.

On a vu aussi acheter fort cher, et même toute une famille se ruiner, pour obtenir la même qualité dans des démocraties Suisses : tout cela est dans l'ordre, on veut dans la société, et sur-tout là où chacun se connoît, être autant que son voisin.

privilèges ; enfin voilà pourquoi aussi le mot *république* ne convint jamais au *républicanisme*, et qu'à cet égard il y a toujours eu une incroyable contradiction entre le mot et la chose : il ne peut y avoir de *res publica* que sous la souveraineté une et indivise, laquelle seule est vraiment pour *tous*. Dans les autres constitutions, il y a une multitude de *res privatæ*, pas une chose publique, et ceci devient palpable à la seule comparaison.

Celui qui est élevé à la souveraineté une et indivise, est devenu si grand par le mérite même de son institution, qu'il n'est plus un homme ordinaire, sa nature est changée, il n'a plus rien à desirer pour sa personne ; il est donc au-dessus des petitesses humaines, de ces petits calculs d'intérêt qui tourmentent si fort les autres hommes, et s'il lui reste encore des travaux à faire, ce ne peut plus être que dans le monde moral, dans les domaines de la sagesse et de la gloire ; aussi (en continuant de méditer sur la *nature* de la chose), on peut ajouter que la constitution de la souveraineté est imparfaite, quand elle laisse encore des alimens aux passions de celui qui l'exerce ; alors il sera à craindre qu'il ne représente plus la souveraineté par excellence, qu'on ne lui ait laissé des rivaux, qu'il ne devienne timide, foible, soupçonneux et bientôt despote.

Je vous ai prouvé par les faits, que l'esprit de la vraie souveraineté n'existe que dans l'unité du pouvoir; que hors la monarchie, il n'est pas de liberté, pas de république; mais si vous voulez que rien ne manque à votre conviction, ouvrez notre propre histoire : n'est-il pas de fait que la liberté s'est enfui de notre terre fortunée, dès que la souveraineté a été placée sur le peuple et même sur ses réprésentans, quoique dans le nombre de ces derniers, il s'y trouvât des hommes distingués par les lumières et les vertus ? Et n'est-il pas de fait aussi qu'elle n'est revenue parmi nous, que lorsque ce principe moral et indivisible a été confié à une seule tête, à un seul bras. Nous devons sans doute infiniment au génie et à la sagesse, mais cependant le génie et la sagesse de l'homme ne peuvent des choses impossibles. Pour opérer des merveilles, ce n'est pas assez d'avoir de grands moyens, il faut en outre au grand homme, l'unité de pensée et d'action ordonnée par la nature, ce qui en d'autres termes n'est que la souveraineté.

Toutes les propositions que vous venez de voir, sont amenées par la logique la plus simple, elles sont des conséquences naturelles des principes posés ci-dessus ; mais comme la vérité se développe à mesure que l'on examine un objet sous toutes ses faces, jettez encore vos regards sur les différentes républiques, aristocraties ou démocraties : y voyez-vous de l'ordre, de la liberté, de l'égalité, une prospérité publique ? Concluez-en que dans ces états règne la monarchie.

Par la loi constitutionnelle du pays, les pouvoirs y sont divisés, il est vrai, mais cette division n'est qu'apparente ; c'est aujourd'hui un tel citoyen qui gouverne, demain tel autre ; mais cette mobilité dans les gouvernans n'empêche pas qu'il n'y ait un vrai pouvoir monarchique, et il faut que cela soit ainsi, sans quoi le gouvernement ne marcheroit pas, il y auroit désordre et anarchie.

Pourquoi les Suisses ont-ils été long-tems heureux, malgré des formes en apparence contraires à la souveraineté? C'est que chez eux les mœurs ont eu la vertu de maintenir l'autorité paternelle, qui est la première monarchie. Il n'est pas une de leurs démocraties dont on ne connoisse le véritable chef, lors même qu'il n'en a pas le titre. Ce chef n'est pas toujours sur la scène, mais ce n'est pas moins lui qui derrière la toile, tient les ressorts qui mettent la machine en mouvement, le peuple souverain est toujours sujet (*).

(*) Je ne puis terminer cette conférence, sans vous faire une observation des plus importantes. Si toutes les questions étoient examinées d'après l'essence des choses et avec l'impartialité la plus sévère, c'est-à-dire en droit naturel, sans aucune considération de ce que les préjugés nationaux ou l'intérêt des hommes ont pu prononcer, un grand nombre de difficultés n'existeroient pas dans les sciences, notamment en morale et en politique. L'observation de cette règle nous a été recommandée par les plus grands maîtres, par les hommes qui ont le plus médité sur les vrais moyens de perfectionner les sciences humaines. Platon dans son dialogue sur *le beau*, nous enseigne que la contemplation des élémens constitutifs des choses, joint à la dialectique, est le moyen le plus efficace de donner à l'esprit cette force, cette élévation qui seules peuvent porter l'homme à la connoissance de tout ce qui est métaphysique (et la vérité est toujours métaphysique.) Voici ce que je lis à cet égard dans la traduction latine de ses œuvres : *magnæ quæ libetartes exercitatione dialecticâ, contemplationeque sublimium in naturâ rerum indigent, ipsa enim mentis sublimitas, et vis*

*efficax , in quâvis re perficienda , hinc quodam
modo proficisci videntur.*

Un des plus grands génies parmi les modernes,
me paroît avoir rendu mot à mot dans sa langue, la
pensée du philosophe grec; il pose pour règle que
dans l'étude des sciences , nous devons distinguer
soigneusement ce qui est dans la nature des choses,
d'avec ce que les hommes y ont mis d'arbitraire, et
il va jusqu'à dire qu'en suivant cette méthode, nous
parviendrons à résoudre les questions tenues jusqu'à
présent pour insolubles... « Le point le plus impor-
» tant des sciences est de savoir bien distinguer ce
» qu'il y a de réel dans un sujet, et de ce que nous y
» mettons d'arbitraire en le considérant. Reconnoître
» clairement les propriétés qui lui appartiennent et
» celles que nous lui prêtons, me paroît être le fon-
» dement de la vraie méthode de conduire son es-
» prit dans les sciences ; et si on ne perdoit pas de
» vue ce principe, on ne feroit pas une fausse dé-
» marche, on éviteroit de tomber dans les erreurs
» savantes qu'on reçoit comme des vérités, on ver-
» roit disparoître les paradoxes, les questions inso-
» lubles des sciences abstraites, on viendroit alors
» à s'entendre sur la métaphysique des sciences, on
» cesseroit de disputer, et l'on se réuniroit pour
» marcher dans la même route à la suite de l'expé-
» rience et arriver enfin à la connoissance de tou-
» tes les vérités qui sont du ressort de l'esprit hu-
» main ». *Buffon , Discours sur la manière d'étudier
l'histoire naturelle.*

CONFÉRENCE VII.

Du Gouvernement d'un seul non constitué. Que le despotisme légal est le résultat des maximes fausses, ou des religions fausses.

—Qu'EST-CE que ce gouvernement?

= C'est celui dans lequel il n'y a pas de constitution où soient écrites les obligations du chef envers la société, et réciproquement celles de la société envers le chef.

— Est-il bien certain que dans ces états, il n'y ait aucune loi fondamentale, que le chef ne reconnoisse d'autre règle que sa volonté ou son caprice? etc.

= On ne peut supposer l'existence d'une société quelconque, si elle n'est fondée sur les principes éternels du *droit naturel*. Ainsi, quand même dans ces états il n'y auroit pas de constitution positive, que le chef fût tenu d'observer, il est toujours soumis à ces principes, et s'il s'y conforme, il n'est pas un despote.

Ce régime, le plus ancien de tous, convenable à un peuple dont les mœurs sont encore simples, est l'image parfaite de l'autorité paternelle. Les devoirs du père ne sont écrits nulle part, l'auteur de la nature les a gravés dans tous les cœurs ; donc lorsque le chef d'un pays où il n'y a pas de loi fondamentale, en rend les habitans malheureux, il est coupable comme un père qui tueroit ses enfans, leur refuseroit les alimens nécessaires, ou leur rendroit la vie insupportable.

Telle est le type de cette institution, considérée dans ses élémens primitifs ; mais si on l'envisage dans le fait, l'exercice d'un pouvoir absolu n'est pas dans la possibilité des choses humaines. Il n'est pas possible qu'un homme gouverne un peuple, (qui n'est plus une famille) sans un code civil et criminel : or, par-tout où il y a de ces statuts, ils sont écrits, il y a un ordre fixe quelconque, et par suite, un certain respect pour les personnes et les propriétés, ce qui déjà exclut l'idée d'un pouvoir abitraire entiérement absolu.

— Selon vous, le despotisme n'existe donc pas ?

= Le despotisme n'existe malheureusement que trop, mais nulle part il n'est légal. Il y a, ainsi que nous l'avons montré plus haut, des constitutions vicieuses qui l'engendrent plus facilement les unes que les autres, de ce nombre est celle qui donne à un seul gouvernant un pouvoir illimité; mais dans celles-là même, le chef ne peut sans un crime manifeste, au gré de son caprice, priver un individu de sa liberté, ou de sa propriété, cela signifie seulement que la constitution suppose en lui la réunion de toutes les vertus qui forment l'essence de la souveraineté.

Un père à qui la loi donne droit de vie et de mort sur son enfant, un maître sur son esclave, ne peuvent l'exercer sans la plus horrible des violations, si en *justice* l'enfant et l'esclave n'ont point mérité cette peine.

Tout ce que fait la loi dans ce cas, c'est en se confiant à la sagesse, à la bonté naturelle du père, à l'intérêt du maître, de leur donner une jurisdiction, de les constituer juges en dernier ressort dans leur famille; mais l'idée seule de *juge* exclut celle de pouvoir arbitraire, comme l'idée *droit* exclut celle de *force*. Il n'en est pas davantage du prince le plus absolu ou le plus despote du monde,

il n'est et ne peut être qu'un juge souverain : or, en logique, despote et juge sont
des idées contradictoires.

— Vous semblez révoquer en doute les
faits les plus constans sur les gouvernemens
de l'Asie ou de quelques autres parties du
monde.

= Nullement : ces faits quels qu'ils soient,
ne prouvent point que dans ces contrées le
despotisme soit constitutionnel, et voilà ce
qu'il faudroit prouver (*).

— Veuillez bien nous définir le despotisme.

= Il y a deux sortes de despotismes : *le
constitutionnel* et celui *de fait.*

Le premier a été défini la cumulation de
tous les pouvoirs, mais cette définition ne
me paroît point juste, il semble plus exact
de dire : *c'est la confusion du modérateur
avec ce qui doit être modéré.* Il suffit pour
sentir cette vérité de recourir à la nature : ce

(*) J'ai déjà observé que dans un livre élémentaire il ne falloit rien supposer, mais tout définir;
il n'en est pas d'un ouvrage destiné à l'instruction
de la jeunesse comme d'un autre , je supplie le lec-
teur de ne pas perdre de vue cette observation.

que les hommes appellent pouvoir dans la société, est *vertu* dans l'essence des choses; or quand il s'agit d'un *tout moral*, les vertus sont indivisibles.

Le despotisme de fait ou *personnel*, est *l'abus d'autorité*; c'est dans tous les états, dans la république comme dans la monarchie, une prévarication, un délit contre la société, depuis son chef jusqu'au dernier de ses membres.

Le père, la mère, l'époux, le prince, le pontife, le magistrat républicain, le soldat le porteur d'ordre, etc. sont tous des despotes, quand ils abusent de leurs pouvoirs; en un mot, le fort qui maltraite le foible, dans telle condition que ce puisse être: voilà la première de toutes les tyrannies (*).

— Il n'est donc pas bien avéré que les peuples dont nous venons de parler, gémissent sous le despotisme?

____

(*) On appelle aussi despotisme le pouvoir exercé par certains princes dans leurs états; mais d'après la véritable idée attachée à ce mot, cette dénomination n'est pas exacte non plus. Celui qui a un pouvoir arbitraire, s'il en fait un bon usage, n'est plus un despote.

= 1°. D'après nos définitions, vous devez voir que le despotisme ne tient pas tant à l'institution de la monarchie illimitée qu'au personnel de celui qui gouverne : le même trône, quoique sans constitution, a été tour-à-tour occupé par des hommes qui ont fait les délices du genre-humain, et par d'autres qui en ont été l'opprobre et le fléau.

2°. Il en est des états de l'Asie ou de l'Afrique comme de l'Europe ; les gouvernemens (dans ces parties du globe) ont comme chez nous des maximes bien différentes les unes des autres, on ne doit donc pas les mettre sur la même ligne.

A la Chine, par exemple, l'empereur est regardé comme le père de ses sujets, l'histoire tient registre de ce qu'il dit et fait de tant soit peu remarquable ; cette histoire est confiée à un tribunal composé d'un certain nombre de mandarins qui sont les premiers magistrats de l'empire, toutes les grandes villes ont des collèges pour l'éducation de la jeunesse, les emplois ne se donnent qu'au mérite et après le plus long examen, la justice s'y administre gratuitement, les juges ne peuvent faire exécuter un jugement de mort contre

contre le dernier des sujets, si l'empereur ne l'a confirmé trois différentes fois : or, si cela est ainsi, comme l'assurent toutes les relations, on ne peut dire que leur gouvernement soit despotique de sa nature, ce qui ne dit pas cependant qu'il ne puisse avoir beaucoup d'abus ; mais au surplus quel que soit l'état social des Asiatiques ou autres peuples qui sont hors de l'Europe, leur situation n'est pas l'effet immédiat du gouvernement, elle provient de causes antérieures, lesquelles ont dû naturellement amener le gouvernement lui-même tel qu'il est. Tout dans ces contrées engendre le despotisme, l'humanité y est abâtardie par l'excès de l'ignorance ou de la superstition, la religion y trompe l'homme, le conduit d'erreurs en erreurs et finit par le dénaturer.

L'opinion publique, ce véritable frein du pouvoir n'y existe pas. On voit chez ces nations des choses qui nous révoltent, mais ne font sur elles aucune sensation (et il est impossible que cela ne soit pas ainsi), l'homme est une plante qui bien cultivée produira les fruits les plus exquis ; mais s'il croupit dans une paresse extrême, dans l'abandon de toute culture, ou ce qui est pis, si

ses institutions le prennent à rebours ou contre
sens , il se détériore et tombe au-dessous de
la brute , (car celle-ci ne peut dégénérer.) On
lit dans *l'Esprit des loix* , chap. 10 , liv. 3 :
« Sous le despotisme , on ne peut pas plus
» réprésenter ses craintes sur un avenir fu-
» tur qu'excuser ses mauvais succès sur un
» événement funeste. Le partage des hommes
» comme des bêtes , y est l'instinct , l'obéis-
» sance , le châtiment; il ne sert de rien d'ex-
» poser les sentimens naturels , le respect pour
» un père , la tendresse pour ses enfans , sa
» femme , les loix de l'honneur , l'état de sa
» santé : on a reçu l'ordre et cela suffit. En
» Perse , lorsque le roi a condamné quel-
» qu'un , on ne peut plus lui en parler , ni
» demander grace. S'il étoit *ivre et hors de*
» *sens* , il faudroit que l'arrêt s'exécutât de
» même ».

Il résulte de cette relation que les peuples
dont parle Montesquieu , n'ont aucune idée de
la souveraineté , ni de la nature humaine ,
aucune notion de société , d'ordre , de droit
naturel , etc. ou en tout cas , elle nous prouve
que ces notions leur sont données sous un
aspect horriblement faux : c'est ce qui nous
est encore démontré par l'exemple des chinois.

Ces derniers cultivent la morale, honorent la mémoire de leurs hommes de bien, ils écrivent l'histoire, ont déjà une sorte d'opinion publique; il paroît donc impossible d'appliquer à la Chine ce que l'auteur de *l'Esprit des loix* remarque sur la Perse. Si ce passage est vraiment applicable à quelques nations, l'état affreux où elles languissent ne provient pas de ce qu'elles ont un souverain absolu, mais de ce qu'on leur en a fait un monstre, sur le modèle de ces idoles qui veulent être honorés par des victimes humaines. Si elles avoient une idée juste de l'être qui gouverne l'univers, si on leur avoit appris ce qu'est un être moral et moralité, elles sauroient nécessairement ce qu'est un père de famille, un juge, un roi, etc. par cela seul, leurs mœurs, leurs loix, et toute leur existence, changeroient, comme cela est justifié par l'état civil et politique des peuples d'Europe, qui vivent aussi sous le gouvernement absolu.

Lorsque les maximes primitives d'une société sont fausses et corruptrices, il faut par force que tout s'y corrompe, et hommes et choses, et princes et magistrats, et loix, etc. Quand au contraire ces maximes sont vraies, ce qui est défectueux de sa nature se corrige, les hommes et les institutions deviennent meilleures ou supportables. Mais ce n'est pas tout, il ne suffira pas de professer quelques principes généraux en théorie, (si l'on en reste là, .on n'aura rien fait ou très-peu de chose), il faut encore admettre dans la pratique les conséquences nécessaires qui en dérivent. Ainsi, ce n'est pas assez de croire à l'existence d'un premier être tout puissant (rappellez-vous bien que cet être n'est qu'une chimère, sans la réunion indivisible de toutes les vertus), il faut en outre reconnoître sa providence et tout ce qui s'ensuit. La société sera toujours en raison de la croyance que l'on y aura sur la part que la divinité prend à l'ordre actuel de ce monde. Si l'on y suppose qu'elle est indifférente sur la conduite des hommes entr'eux, sur celle des gouvernans à l'égard des gouvernés et réciproquement, l'on ne fera absolument rien contre le despotisme, on le chassera d'un côté, il reviendra de l'autre : les hommes crieront sans cesse contre lui, et toujours il les écrasera.

Ce qui vient d'être dit à l'égard des nations abâtardies, enervées, qui gémissent sous le fer de la tyrannie, peut s'appliquer aussi à ces peuples qui dans la chaîne morale occupent l'extrêmité opposée, je veux dire les hordes les plus incultes du globe, les sociétés les plus sauvages. A quoi peut-on attribuer l'état où se trouvent encore ces enfans de la nature, et qui sous ce rapport est bien pire que celui des Asiatiques? Est-ce au despotisme? Point du tout (ce seroit toujours prendre l'effet pour la cause), il ne peut l'être qu'à la fausseté de leurs maximes primitives. Cette fausseté est pour eux la source unique de tous les malheurs; si un jour ces peuples ont une notion exacte de l'être suprême et de l'homme, ils ne vendront plus leurs enfans, ils ne tueront plus leurs prisonniers, ne mangeront plus leurs ennemis, ils entreront dans le règne de la moralité où ils ont encore fait si peu de progrès, ils connoîtront la vérité, la justice, la tendresse paternelle, l'amour filial. Ils auront un droit des gens, changeront la manière de faire la guerre, en un mot, de peuples sauvages, ils deviendront des peuples civilisés comme nous le sommes devenus nous-mêmes. Encore un coup, ce n'est pas le climat qui fait les hommes, ce ne sont pas non plus ni les mœurs, ni les loix, ni les manières, ce sont les *maximes :* celles-ci seules donnent à un être perfectible la forme que sa nature peut recevoir, celles-là ne sont que des conséquences et des résultats nécessaires.

— Il s'ensuivroit de cette réponse que plus un peuple est cultivé, moins il est exposé au despotisme, mais c'est une erreur trop manifeste. On voit tous les jours, au centre de la politesse et des arts, des atrocités plus révoltantes que chez les nations les plus sauvages; donc la civilisation ou l'éducation n'est pas une barrière contre le despotisme?

= Ce que vous dites est trop vrai, si vous parlez d'un peuple civilisé, et qui en même tems professe des principes faux ; alors ses talens comme ses vertus, prennent en même tems une fausse direction, ses passions excitées par ses principes, au lieu d'en être modérées, le conduisent naturellement à des excès dont les sauvages n'ont pas d'idée. Les Grecs et les Romains, à la plus brillante civilisation ont joint la plus affreuse barbarie.

Ainsi la nation la plus spirituelle, la plus maniérée, la plus polie, sur laquelle influera le matérialisme ou le déisme, pourra surpasser en cruauté tout ce qu'on nous raconte

des peuples les plus incultes. Il y a deux
sortes de barbaries, l'une produite par l'ignorance des premiers principes, l'autre par
leur fausseté ; les excès engendrés par
ces deux barbaries sont également funestes
et destructifs de la perfectibilité : les uns
font les nations sauvages, les autres les
peuples corrompus, et la corruption ne
rend pas l'humanité moins malheureuse
que le défaut de toute culture : la première
emploiera plus de rafinement, des formes
moins grossières que la seconde, mais elle
n'en sera pas moins cruelle dans ses résultats. Il n'en sera pas de même, quand
les vraies maximes seront en vigueur, alors
toutes les facultés sont dirigées vers la perfection réelle de l'espèce et de l'individu. Si
donc le despotisme ne ravage pas l'Europe
comme les autres parties du monde, ce bienfait ne vient pas primitivement de ses progrès dans les arts et les sciences. Ceux-ci
travaillent sur le faux comme sur le vrai (*),

____

(*) L'imprimerie et la boussole sont de grands
moyens de perfection, mais ils répandent le mal
comme le bien. Si les peuples où se firent ces découvertes eussent professé le polithéisme, les espagnols

et l'expérience nous a trop appris que les hommes peuvent être civilisés et barbares tout à la fois.

Quel est donc (on ne peut proposer après une révolution comme la nôtre, un problême dont la solution soit plus importante), quel est le vrai fondement de la supériorité de l'Europe (dont au reste elle a si cruellement abusé) sur ces régions civilisées bien long-tems avant elle, plus favorisés de la nature, et qui en outre possèdent les sources de toutes les richesses représentatives? Il n'est pas d'autre cause de ce phénomène moral que le christianisme.

Depuis l'époque où les maximes de la loi révélée sont devenues en Europe l'objet de l'étude générale, il n'est pas un point de relation sociale, soit entre citoyens du même empire, soit avec les étrangers, et même les ennemis, qui n'y ait été discuté dans les livres ou les écoles, et toutes ces discussions, sous le titre de *droit civil*, de droit *public*, de droit des *gens*, ne sont que des conséquences ou des applications des principes révélés.

---

auroient élevé des panthéons au Pérou, et les portugais au Japon.

Or, ces moyens qui nécessairement mettent tous les élémens d'ordre en équilibre, n'existent ni chez les sauvages, ni chez les peuples qui ont une fausse civilisation ; ne connoissant les uns et les autres, ni l'essence de la souveraineté, ni de la liberté, leurs institutions ne peuvent être en harmonie, ni avec la nature de l'être suprême, ni avec celle de l'homme : les uns sont incultes et féroces, les autres corrompus ou dégradés, enfin leur état social ressemble à celui des anciens avant la révélation. Tel est le sort d'une espèce perfectible : le défaut de culture lui causera de grands maux, mais une fausse éducation lui en fera d'aussi grands dans un autre extrême. Il ne suffit pas que l'homme soit cultivé, il faut qu'il le soit dans le sens voulu par sa nature, et si l'on reconnoît de a moralité dans cette nature, il est évident que c'est dans ce sens que la culture doit avoir lieu, et par une autre conséquence, les peuples qui auront été ainsi cultivés, seront *relativement* plus forts et plus puissans que ceux auxquels auront été donné des institutions différentes (*).

______

(*) N'est-ce pas la véritable cause de la foiblesse

relative de l'empire Ottoman, situé sous le plus heureux ciel du monde, et dont la force absolue est incalculable. Cette foiblesse relative, et qui doit frapper aujourd'hui tous les yeux, augmentera toujours en raison des progrès que feront dans leurs principes, les peuples qui le touchent au nord et au couchant; plus ceux-ci perfectionneront leurs maximes, plus leurs gouvernemens seront conformes à l'essence de la souveraineté; plus ils seront libres et puissans, et plus le premier s'affoiblira.

CONFÉRENCE VIII.

Des Gouvernemens où par la seule nature des choses il y a le moins de despotisme.

—SELON vous, le despotisme n'est que l'abus de l'autorité ; mais en admettant cette définition, il est plus grand, plus commun dans la monarchie que sous toute autre forme.

= Le despotisme proprement dit, n'est que l'abus de la force sur la foiblesse, il est donc plutôt l'ouvrage des hommes que l'effet des choses ; mais là où il est le plus fort, où il a toute son intensité, c'est quand il est réel et personnel tout à la fois. Voilà pourquoi celui des républiques est plus terrible que celui des monarchies, le dernier n'est que l'ouvrage d'un homme seul, et cette différence comme vous en serez convaincu tout à l'heure, est immense.

— Un de vos grands moyens en faveur de la monarchie héréditaire, c'est la puissance de l'éducation ; mais il est prouvé par une infinité d'exemples, que des princes élevés par les hommes les plus sages, ont été l'opprobre et le fléau du genre-humain ; donc ce que vous avez dit sur l'éducation prouve bien peu de chose en faveur de la monarchie.

= 1°. Nous parlons toujours de droit naturel, non de ce qui est contre nature : il y a eu des parricides, des infanticides, etc. leur existence fait-elle la moindre preuve contre la tendresse paternelle et l'amour filial ? Les exceptions monstrueuses à cette règle empêcheront-elles jamais que ces deux sentimens ne soient le principe de tout ordre, de tout bien.

Il en est de même de l'éducation : de ce que des individus n'ont pas répondu à celle qui leur a été donnée, de ce qu'ils sont devenus des monstres, il n'en sera pas moins éternellement vrai qu'elle est l'unique source de toute culture, le seul instrument de la perfectibilité humaine, et comme elle est nécessairement plus soignée dans une monarchie héréditaire que dans les formes électives, on doit en conclure sous ce rapport que celle-là est plus avantageuse que celle-ci.

2°. Si le despotisme ne se trouvoit point

dans les républiques, et ne pouvoit être reproché qu'à la monarchie, votre objection auroit sans doute un grand poids ; mais c'est tout le contraire, le premier régime l'engendre plus que le second, et ses ravages y sont toujours plus affreux. Quel que soit un despote, sa méchanceté comme sa force est nécessairement bornée, ses fureurs se consument sur lui-même, sur ceux dont la félicité est d'approcher sa personne, toujours sur ses flatteurs et complices, mais elles atteignent plus difficilement les hommes assez heureux pour en être éloignés et inconnus. Il est difficile enfin que sa rage soit de longue durée et ne le précipite bientôt vers sa fin.

Combien il en est autrement du despotisme des assemblées souveraines ! ce qu'elles font est toujours censé l'ouvrage de tout le corps, quoique réellement d'un triumvirat ou d'un seul homme : le despote particulier s'y cache dans l'épaisseur du grand nombre, et porte dans l'obscurité tous les coups que sa passion lui suggère.

Ainsi, le despotisme républicain est de sa nature irrésistible, il agit en masse, il opprime moins qu'il n'écrase ; ayant ses espions, ses complices, ses ministres dans la

multitude elle-même, son bras de fer s'étend
sans obstacle jusqu'aux dernières extrémités
de la superficie, il en frappe tous les points,
pénètre dans les retraites les plus profondes,
le silence et la solitude sont des crimes à ses
yeux, l'homme le plus ignoré, le plus tran-
quille, ne peut échapper à la proscription.
Or, pour peu que l'on veuille mettre de
l'ordre dans ses idées, et ne pas confondre
pêle-mêle tous les objets, on verra jusqu'à
l'évidence que les excès d'un seul gouvernant
ne peuvent aller si loin, et que la nature s'y
oppose. Si donc vous examinez la question
sous tous ses différens point de vue, et spécialement sous l'aspect du despotisme, vous
serez convaincu de la supériorité de la monarchie; cette forme a évidemment des avantages que les autres n'ont pas, et quant aux
inconvéniens inséparables de toutes les institutions humaines, c'est elle qui en a le moins,
lors même qu'elle abuse, ses abus sont infiniment moindres que ceux des autres : les
maux qu'elle fait ont pour auteur un seul
homme parfaitement connu, sur qui seul
aussi en retombe tout l'odieux; mais le despotisme des républiques est tout à la fois et
réel et personnel, il est censé l'ouvrage d'un

grand nombre d'hommes, dont chacun est inconnu ; il agit d'une manière si ténébreuse et si perfide, qu'on peut l'imputer aux personnes les plus innocentes de l'assemblée, comme à celles qui en sont le plus coupables.

Ce n'est pas tout, si vous observez avec attention, vous trouverez que le despotime républicain n'a jamais pu être modifié, tempéré que par l'esprit de la monarchie, et que celle-ci au contraire s'enrichit et se perfectionne naturellement de toutes les découvertes nouvelles de l'esprit humain. Pour être convaincu de cette vérité, il suffit de jetter les yeux sur l'état actuel de l'Europe, et de le comparer avec ce qu'il étoit il n'y a pas long-tems, vous verrez que du nord au midi, de l'orient au couchant, par la seule impulsion des choses, la monarchie s'établit où elle n'étoit pas, que par-tout elle va en se perfectionnant, enfin vous reconnoîtrez que si la révolution à travers ses maux infinis, a fait quelque bien, il tournera en résultat tout entier au profit de la monarchie contre les autres institutions.

— Si enfin malgré la meilleure éducation et le mérite intrinsèque de la monarchie, le prince devient un tyran, un être pervers, comme cela est arrive tant de fois, quel parti sera à prendre ?

= Les excès qui ont déshonoré beaucoup d'anciens princes, ne viennent pas tant de la perversité de leur nature, que des vices des institutions sociales elles-mêmes, et particuliérement de ceux de leur éducation. Je ne me lasserai jamais de le dire, c'est moins les hommes qu'il faut travailler à rendre meilleurs que les institutions. Si ces princes eussent été élevés dans les vrais principes du droit naturel, et par conséquent de la nécessité de la révélation, leurs facultés morales eussent pris une autre direction. Ils auroient eu certainement un autre cœur, un autre esprit, et nous pouvons en dire de même à l'égard des chefs républicains ; sans doute, sous la loi révélée, les Spartiates n'eussent pas traités les Ilotes comme ils le firent, les Romains n'eussent pas fait dévorer leurs esclaves par des bêtes affamées, etc. etc. et bien des crimes publics, autorisés par les lois n'auroient pas déshonoré le genre humain.

On me dira qu'il y a eu des tyrans sous le christianisme. Oui, et malheureusement trop ; mais faites ici une observation importante..... Ces tyrans ont été en contradiction

ouverte

ouverte avec leurs propres principes ; leur
propre religion les condamne, tandis que les
autres gardent le silence sur les plus horri-
bles excès, ou peut-être même ont donné
à leurs auteurs les honneurs de l'apothéose.
Enfin, l'on ne prétend pas que sous la religion révélée, le despotisme soit impossible,
mais il y est plus difficile et plus rare ; l'autorité civile y est balancée par la spirituelle,
on y a plus de liberté, et conséquemment
plus de moyens de réaction.

— Voilà qui est beau en paroles ; mais
enfin si malgré votre religion le prince est
un despote, quelle mesure pourra-t-on employer ? Dans une république, cela ne sera
pas difficile, le magistrat prévaricateur aura
bientôt subi le châtiment qu'il mérite ; mais
il n'en est pas de même dans une monarchie.

= Vous verrez bientôt que dans cette
crise malheureuse, la république n'a pas
d'avantage sur la monarchie. Car si le chef
est sourd aux remontrances de la religion,
aux avertissemens de l'opinion publique,
enfin s'il est un tyran, il y a dans ce régime
les moyens les plus sûrs d'arrêter le cours
de sa perversité.

— Ici, il y a contradiction formelle entre

vos principes: selon vous, un prince est le représentant de la divinité, donc sa personne est sacrée, et ne peut être jugée par ses sujets; or si ces derniers ont le droit de prendre des mesures contre lui, s'ils peuvent le juger, il faut en conclure que le peuple est souverain, et voilà ce qui d'un seul coup détruit toutes vos assertions.

= La souveraineté est la représentation de Dieu sur la terre (toute autre maxime est subversive d'ordre social, ou plutôt n'est que la théorie de ce machiavélisme qui, tant chez les anciens que les modernes, a mis le *droit* dans la *force*): voilà quelle doit être la règle des princes et des magistrats ; mais quand leurs actions sont contraires aux vertus de la souveraineté par excellence, cette représentation cesse dans leurs personnes. L'auteur de tout bien, de toute perfection pourroit-il être représenté par celui qui fait la honte et le malheur de son espèce? ces termes seuls impliquent une évidente contradiction.

— Comment peut-on s'assurer que le chef d'une société a cessé de représenter l'être suprême?

= J'aurois voulu me dispenser de traiter

cette affligeante question, mais elle l'a été
par tous les auteurs qui ont écrit sur le droit
naturel, et à chaque instant elle revient dans
la conversation, sur-tout celle des jeunes gens.
On doit donc dans un ouvrage de principes,
montrer à ceux qui seront un jour dépositaires
de l'autorité, toute l'horreur que doit inspirer
le despotisme, et c'est un devoir non moins
indispensable de chercher à y fixer les règles
qui doivent diriger des êtres moraux dans la
crise la plus terrible où ils puissent se trouver, quelque soit d'ailleurs le gouvernement
sous lequel ils existent.

Cette discussion est d'autant plus importante, que de toutes les questions de droit,
aucune n'exige plus de précision, que l'on y
marche toujours entre des écueils, et qu'il
est extrêmement dangereux, pour peu que
l'on dérive de la ligne droite de la moralité
ou de l'impartialité la plus parfaite, de tomber dans les erreurs les plus funestes. Puissent ces choses, triste appanage de notre
humanité, ne plus jamais exister que dans
les livres et les controverses!....

Vous m'avez demandé, comment on pouvoit s'assurer que le chef de l'état avoit cessé
de représenter la souveraineté par excellence?

voici les réflexions que me fournit à cet égard l'étude du droit naturel.

1°. Des torts contre des particuliers, des fautes personnelles, des défauts d'administration ne peuvent faire ce qu'on doit entendre par tyrannie, il faut des attentats qui attaquent la société entière. Ces attentats doivent être de toute notoriété, non susceptibles d'excuse ou d'explication; il faut qu'ils aient eu lieu avec dessein prémédité et manifeste, qu'ils ne puissent être imputés ni à la foiblesse humaine, ni rejettés sur les événemens, en un mot, il doit être démontré que le chef est devenu l'ennemi de la république.

Nous allons établir ces propositions.

1°. S'il étoit possible qu'un chef de nation fût regardé comme son oppresseur, à cause des torts dont l'accuseroient envers eux quelques particuliers, il seroit exposé à devenir la victime de deux ou trois maisons puissantes, qui moins animées de l'intérêt général que de leur propre vengeance, ne manqueroient pas d'avoir tout prêts leurs accusateurs, leurs témoins et leurs juges; sans doute rien ne seroit plus contraire aux premiers élémens d'ordre.

Le prince le plus accompli est dans la

fâcheuse nécessité de faire des mécontens, et d'avoir des ennemis; on a conspiré contre celui qui mérita d'être appellé les délices du genre humain, ainsi des griefs particuliers (fussent-ils vrais) ne sont point admissibles de leur nature pour former ce que nous cherchons sous le nom de despotisme; d'ailleurs, il est palpable pour tout homme qui voudra raisonner *principes*, que la société n'a pas le droit de venger les injures particulières, car si elle venge celles-ci aujourd'hui, il lui faudra recommencer demain pour celles-là; on sent qu'une telle mesure mettroit à chaque instant non seulement la justice, mais le salut public en danger.

2°. Des faits personnels, ni des fautes d'administration ne sont pas non plus des matériaux suffisans pour composer l'objet dont il s'agit.

Cette seconde proposition n'est pas moins certaine que la première. En effet, s'il est vrai que la société humaine seroit impossible sans la pratique de l'indulgence la plus étendue; s'il l'est, que nul mariage ne pourroit subsister sans ce tiers modérateur, s'il n'est pas une famille où il n'y ait quelque despotisme, du plus au moins; s'il en est très-peu où les chefs ne commettent les plus grandes fautes en administration, etc. n'y auroit-il pas la plus criante injustice à faire au chef de la grande famille un crime de ce que chacun est obligé de supporter dans la sienne ? Certes, si l'indulgence n'est pas tout à fait un être de raison, si on la doit regarder comme un des élémens du monde perfectible, elle est due principalement à celui qui a toutes les charges, toutes les peines réunies. *Quomodo* (a dit un ancien pour appaiser une révolte populaire) *sterilitatem aut nimios imbres, et cœtera naturæ mala, ita luxum vel avaritiam dominantium tolerare ; vitia erunt donec homines, sed neque hæc continuò, et meliorum interventu pensantur ;* ce qui, en termes plus simples, a été dit aussi par le premier interprète de la loi révélée, *subditi estote dominis etiam discolis,* c'est-à-dire à des maîtres défectueux ; or ces maximes, soit comme sentimens philosophiques, soit comme lois, sont évidemment dans la nature ; car s'il en étoit autrement, il ne faudroit plus désormais sur la terre penser à aucune souveraineté, à aucune société. (*).

____

(*) Tout le monde tombe d'accord que les vices particuliers du prince, et un peu de négligence

3°. Les faits qui peuvent constituer la tyrannie doivent nécessairement être de toute notoriété, avoir été précédés des intentions les plus manifestes.

Pour voir dans tout son éclat la verité de cette troisième assertion, il vous suffira de rechercher avec impartialité ce que demande le salut du peuple, sans faire la moindre attention à la personne du chef; voilà toujours la suprême loi : ce principe posé, si vous consultez l'expérience, elle vous apprendra que dans cette espèce unique, le remède est souvent pire que le mal lui-même; qu'il est fort à craindre, au lieu d'un tyran, de s'en donner plusieurs, et sur-tout de tomber dans une dissolution totale de société, ce qui engendre à la fois toutes les tyrannies possibles, donc la seule considération réfléchie du salut de la république, vous amenera naturellement à conclure, que les faits de tyrannies doivent être evidents à tous les yeux, et portés à un excès devenu insuportable. (*).

____

dans les affaires publiques, ne suffisent pas pour le traiter de tyran. *Puffendorf du Droit nat.* l. 7. ch. 8.

(*) Il faut que la tyrannie soit notoire et de la dernière évidence, en sorte que personne n'en puisse douter. *Barbeyrac sur Puffendorf ibidem.*

Mais ce n'est pas tout, votre conviction sera à son comble, si vous raisonnez d'après la nature de la souveraineté telle que nous l'avons définie, et voulez être conséquent avec vous-même. Celle-ci est si sainte, si pure par essence, que le moindre nuage ne peut s'arrêter sur celui qui la représente : on sait que des présomptions rapprochées avec art, ont souvent égaré les hommes les plus sages, les juges les plus impartiaux, dans des affaires particulières. Or, quel ne seroit pas le danger, si elles pouvaient servir de règle, dans la conjoncture la plus terrible où puisse se trouver un peuple, et dans une affaire où il s'agit de l'interêt de tous à-la-fois ? (et ceci est plus sensible que je ne puis vous le dire.) La tête peut-elle être soupçonnée un instant de conspirer contre les membres ? Il n'est assurément rien, (comme vous l'a déjà appris le plus judicieux des apologues) qui répugne davantage à l'esprit et au sentiment. Donc un souverain ne peut être soupçonné ou accusé de tyrannie. Il est dans la nature des choses, qu'il soit convaincu tout d'abord, que cette conviction soit fondée, non sur des événemens qui ont pu tromper, mais sur les intentions les plus manifestes, il faut enfin qu'il soit écrasé par une masse de preuves à laquelle il ne puisse rien opposer. C'est, par exemple, ce qui se trouva complet, quand le sénat romain déclara Néron ennemi du genre humain, il n'eut besoin d'aucune instruction de procédure, ni de témoins, ni de reproches, ni d'interrogatoires, l'arrêt étoit fondé sur une multitude de faits accablans, il étoit l'expression de l'opinion publique. En d'autres termes, ces faits crioient au monde entier, que leur misérable auteur avoit cessé de représenter *l'être suprême*; les mêmes faits publient aujourd'hui cette vérité terrible, comme ils la publièrent il y a deux mille ans, et sans doute ceux qui furent imputés à Caligula, à Tibère, à Domitien et autres, tant anciens que modernes, nous donnent aussi le même résultat.

— Si enfin les faits sont tels que vous les voulez, quels moyens seront à prendre?

= Il n'est pas de science qui dans la théorie, n'offre de grandes difficultés à résoudre, et ne presente des inconvéniens dans la pratique; (tel est notre monde,) mais seroit-ce là une raison suffisante, pour renoncer à des principes une fois admis en connaissance de cause ? non sans doute. Nous avons démontré qu'un tel procédé seroit destructif de toute logique, il n'y auroit plus de règle, *circumferremur omni vento doctrinæ*; souvenez-vous que ces objections (lorsqu'elles ne montrent pas d'absurdités) ne prouvent que notre foiblesse et de plus en plus la nécessité où nous sommes de nous attacher aux principes. Si donc ces derniers sont votre boussole, vous trouverez une réponse satisfaisante à votre demande, en vous persuadant que les règles les plus simples, celles que nous suivons tous les jours, sont aussi les plus sûres dans les cas difficiles, parce que la nature n'a pas des poids et des mesures différens, sur-tout quand la loi révélée ne contient pas une disposition très formelle, et ne dissipe entièrement tous les doutes.

Cela posé : 1°. la loi de la *nécessité* veut que des êtres libres, obligés de vivre en société, se donnent un chef qui représentera sur eux l'être suprême, à l'exemple du père de famille.

2°. Par la même *nécessité*, ils sont tenus de rétablir ce chef, dans le cas de mort naturelle.

3'. Ils sont forcés de remplir le même

devoir dans le cas de démence ou d'incapacité. 4°. Pour des êtres perfectibles, outre la mort naturelle, il y a la *mort morale*, et la justice est obligée de prononcer celle ci, contre ceux qui ont le malheur de l'avoir encourue. De ces principes, il suit que les faits de tyrannie ne sont pas plus difficiles à constater, que ceux qui établissent la démence et l'incapacité. Il est même possible que ces choses se réunissent. Qu'est-ce qu'un prince abandonné à des passions brutales, et devenu l'ennemi de la société, ou de l'espèce humaine? N'est-ce pas un furieux, un insensé, un homme qui n'a plus ni liberté, ni raison? On peut donc dans cette affreuse conjoncture, supposer qu'il est attaqué d'une maladie qui lui ôte l'usage de ses facultés morales, en conséquence le déclarer mort civilement, et le mettre hors d'état de nuire.

Cette mesure est prescrite par les règles les plus simples de droit naturel, la 1ʳᵉ. *le salut de la société,* la 2ᵉ, qu'entre deux maux *il faut toujours choisir le moindre.* En effet, que veut cette double règle? Elle veut que le pouvoir soit retiré des mains de celui qui en fait un usage si pernicieux, comme l'on est forcé d'ôter un instrument à celui qui le tourne contre lui-même ou les autres, mais toute mesure qui iroit au-delà, est évidemment destructive des règles que nous venons de poser, ainsi que vous allez le concevoir de plus en plus.

Rien n'est plus sacré pour ses enfans qu'un père de famille, et cependant si le père est incapable de donner une éducation à ses enfans, ou s'il leur en donne une vicieuse, la justice se voit forcée de lui ôter la tutelle et l'administration.

Mais allons plus loin : que le père (je frissonne et ma main se refuse à tracer ces caractères) devienne l'oppresseur de ses enfans : que peuvent-ils faire légitimement dans cette horrible perplexité ? Ils ne peuvent sans doute se porter à aucune voie de fait contre l'auteur de leurs jours, celui-ci n'a pas cessé d'être pour eux, malgré ses excès, l'objet le plus sacré : il est troublé, égaré, mais son auguste caractère n'est point anéanti pour eux.

Si un homme injustement offensé doit se borner à mettre l'agresseur hors d'état de lui nuire, si au-delà se trouve la vengeance, si cette dernière est un crime pour des êtres moraux, que ne seroit-ce pas à plus forte raison la conduite des enfans qui penseroient à se venger de leur père? Tout ce qu'ils peuvent, c'est de l'éviter, de le fuir par tous les moyens que la prudence leur suggerra, et enfin, s'il n'y a pas d'autre ressource, c'est de le mettre hors d'état de nuire. Si jamais ils dépassoient cette ligne, ils violeroient les premiers devoirs, ils seroient eux-mêmes hors de la *moralité*, ils agiroient comme des êtres qui ne croyent ni à cet ordre moral, ni à son auteur.

Tels sont les principes où nous devons puiser la règle à suivre envers un souverain qui par des faits évidens a cessé de représenter l'être suprême : c'est de le supposer attaqué de démence, de maladie, de donner à l'empire un administrateur ou un successeur, comme dans la famille on substitue un tuteur au père qui rend ses enfans malheureux.

Si l'on peut légitimement ôter la puissance paternelle à un père qui en est indigne, quoique la loi révélée ait sanctionné son pouvoir en *termes exprès*, ne peut-on pas suivre la même règle vis-à-vis du prince, lequel ne peut être que le chef de la grande famille ? Le langage des cours lui-même, n'a pu trouver un titre plus digne de lui, *hic amas dici pater atque princeps.*

Ces propositions sont entièrement conformes à cette doctrine, d'après laquelle on soutient que les souverains ne peuvent être *jugés ni condamnés que par Dieu seul.* Rien n'est plus vrai : à Dieu seul appartient le jugement et la vengeance ; mais quand les hommes se bornent à ne plus reconnoître le commandement de celui qui est visiblement indigne de commander, ils ne le jugent point, ne le condamnent point, ne prononcent aucune peine pour le mal qu'il a fait, ils se contentent de le mettre hors d'état d'abuser pour l'avenir ; or ce n'est point-là, juger ni condamner : une condamnation est un châtiment personnel pour des crimes commis, et certainement, celui qui se borne à retirer son obéissance, ne juge et ne condamne point, ces choses sont bien éloignées l'une de l'autre.

Sans doute de ce qu'à Dieu seul appartient le jugement et la vengeance, il ne s'ensuit pas qu'un être libre doive continuer d'obéir à celui qui a cessé de représenter le principe de toute perfection. Refuser d'obéir, n'est pas un acte de souveraineté, ni de justice, mais seulement un acte de liberté.

J'ai raisonné dans les termes de droit naturel, mais je puis encore m'appuyer de la loi révélée; souvenez-vous que dans les cas douteux, celle-ci est toujours le meilleur interprète de celui-là.

Après la mort de Salomon (*), le peuple assemblé pour reconnoître son fils Roboam, lui représente avec respect que son père l'a accablé d'impôts, et le supplie de les diminuer un peu, *paululùm*, qu'il est tout prêt

---

(1) *Locuti sunt ad Roboam dicentes.... pater tuus durissimum jugum imposuit nobis, tu itaque imminue paululùm de imperio patris tui durissimo, et de jugo gravissimo quod imposuit nobis, et serviemus tibi. Respondit rex populo dura, derelicto consilio seniorum quod ei dederant, et locutus est eis secundum consilium juvenum dicens.... pater meus aggravavit jugum vestrum, ego autem addam jugo vestro. Pater meus cecidit vos flagellis, ego autem scorpionibus.... Videns itaque populus quod noluisset eos audire rex, respondit ei dicens..... quæ nobis pars in David? ut quæ hereditas in filio Isai? vade in tabernacula tua Israel, nunc vide domum tuam David: et abiit Israel in tabernacula sua. Super filios autem Israel quicumque habitabant in civitatibus Juda, regnavit Jeroboam. 3 Reg. 12*

d'obéir, si de son côté il promet un gouvernement moins dur.

Quelle est la réponse de Roboam : « mon » père vous a imposé un joug très-dur , et » moi je l'aggraverai.... Mon père vous a » mené à coup de bâton , et moi je vous » fouetterai avec des scorpions ». Que fait le peuple, obéit-il en silence? Non : dix tribus quittent Roboam , déclarent qu'ils ne le reconnoissent plus pour roi, en élisent sur le champ un autre , et voilà comment se fit la division des royaumes de Juda et d'Israël. Ce que firent dix tribus, les deux autres pouvoient le faire également , et si elles l'eussent fait , le fils de Salomon eût perdu entièrement toute souveraineté.

Il y a, certes, bien loin d'une menace aux faits, mais si le peuple qui vivoit sous la théocratie , ne fut pas improuvé pour avoir secoué la domination d'un chef qui le menaçoit simplement de despotisme, celui-là le sera bien moins ou ne sera plus reconnu un prince, qui abandonné aux derniers excès de la dépravation , est devenu l'ennemi de son peuple. Cet événement ne justifie-t-il point qu'il est permis d'abandonner un chef qui

montre

montre les intentions les plus perfides, mais ne prouve-t-il pas aussi que la faculté des êtres libres et moraux se borne là ; qu'elle se réduit à dire , *quæ nobis pars in David , vel quæ hereditas in filio Isaï ?* Que tout ce qui se feroit au-delà seroit vengeance, résultat de passions toujours inutile , qui ne pouvant rien réparer , est indigne d'une société morale. La loi révélée, comme je l'ai déjà dit , est la meilleure explication du droit naturel.

Le sénat de Suéde me paroît ne pas s'être éloigné de ces maximes, dans la conduite qu'il tint en 1545 contre son roi Christian III.

Les crimes et la tyrannie de celui-ci étoient de toute notoriété ; on se contenta de lui ôter la couronne , et le condamner à une prison perpétuelle.

Dira-t-on que dans ce cas , le peuple fit un acte de souveraineté? Point du tout : le peuple n'eut aucune part à la décision qui intervint dans cette affaire.

La souveraineté étoit vacante, celui qui en étoit le titulaire s'en étoit rendu indigne par les attentats les plus constans ; le sénat en le déclarant déchu, ne fit que déclarer légal ce qui existoit déjà par le fait, savoir, *que*

Christian avoit cessé de regner, et observez que ce même sénat ne condamne pas le tyran à la peine due au crime de tyrannie, il se borne à le déclarer déchu, en laissant à Dieu le jugement et la vengeance. Il prononce comme il eût fait dans le cas de démence ou de fureur, et qu'on ne pense pas que la prison perpétuelle fut une peine. Il est sensible que la prison étoit une simple mesure de sûreté contre celui que l'opinion publique avoit surnommé si justement *le Néron du nord*. Par cette décision, la sainteté de la souveraineté fut respectée, la liberté protégée, le tyran mis hors d'état de continuer ses excès ; enfin le jugement et la vengeance furent laissés à l'être suprême. J'ai cru pouvoir la citer comme l'application des vrais principes, comme un monument de sagesse et de politique (*).

(*) Christian donna une fête aux principaux seigneurs ecclésiastiques et séculiers, et les fit égorger les uns après les autres. Voici les circonstances de cette horrible boucherie. Christian choisit la fête de la Toussaint, 1520, pour son couronnement. La cérémonie fut magnifique, et dura huit jours le 8e. fut destiné au superbe festin, où se devoient trouver les sénateurs et les principaux officiers de la couronne. Les convives ne furent pas plutôt arrivés au nombre de 94, que le roi arriva en pompe à leur tête, pour se rendre à la principale église, et jura sur l'eucharistie de garder tous les privilèges de la nation. On retourna ensuite au palais royal ; les convives étoient déjà à table, tout-à-coup l'on entend un bruit terrible, c'étoient des officiers qui arrivoient armés. Tous les convives furent arrêtés, on dresse des échafauds devant la porte du palais, les évêques, les grands du royaume, les sénateurs périssent par la main des bourreaux. Le grand-prieur de Saint-Jean de Jérusalem est attaché à une croix de Saint-André, où on lui fend le ventre, on lui arrache le cœur, ensuite l'on se jette sur le peuple, les soldats font main basse sur tous ceux qui étoient accouru pour voir cette sanglante exécution. Gustave arrive à la tête de quelques suédois, résolu de délivrer la patrie de ce monstre. Christian qui avoit en son pouvoir à Copenhague la mère et la sœur de son ennemi, fit jetter ces deux princesses dans la mer, enfermées toutes deux dans un sac, etc. *Hist. de Suède.*

CONFÉRENCE IX.

Sur la nature du Gouvernement fédératif.

LE gouvernement fédératif est l'union perpétuelle de plusieurs peuples différens, sous le rapport des avantages communs à tous.

Les principes de cette association politique doivent être connus de tous les hommes d'état.

Son objet essentiel, ainsi que nous croyons l'avoir exprimé dans notre définition, est en général la protection de tous les peuples associés, soit contre les désordres intérieurs, soit contre les attaques du dehors; elle est donc susceptible de toutes les conventions que demandent les localités et les circonstances, pour arriver à ce but.

Mais le mérite principal de la fédération, celui qu'on peut dire par excellence, c'est que de sa nature elle est contraire à la guerre et à la conquête. Des peuples fédérés ne

sont point ambitieux ; plus occupés de jouir
de ce qu'ils ont et de le perfectionner, que
de s'aggrandir, ils n'ont point d'inquiétudes
entr'eux, ils n'en donnent pas à leurs voisins, et avec cela, ils ont tous les moyens
de repousser les aggressions. Il est palpable
que de telles maximes donneront aux sociétés
qui les professent, tout le bonheur dont elles
sont susceptibles.

Nous avons au milieu de nous et sous nos
yeux, la preuve de ces vérités : la Suisse
n'étoit ci-devant ni une république, ni un
royaume, mais l'association de tous les gouvernemens. Elle renfermoit dans son sein,
des princes laïques et ecclésiastiques, des
aristocraties, des démocraties, des sujets propres à quelques-uns de ces gouvernemens,
d'autres qui étoient communs à toute la fédération, on y parloit plusieurs langues,
on y professoit des cultes différens, qui dans
plusieurs endroits n'ont qu'un seul temple,
etc. et au milieu de tous ces élémens qui ne
devoient produire que désordre et anarchie,
les Suisses ont joui de la plus longue paix
au-dedans et au-dehors, que nous connois-
sions sur notre continent, tandis que les grands

états dont ils sont environnés, ont été le théâtre de guerres continuelles, et en proie à tous les maux que peuvent faire les passions humaines! Certes, il n'existe pas pour l'observateur de contraste plus frappant, lequel on a cru exprimer par cette antithèse non dépourvue de justesse : *confusio Babilonica divinitus conservata.*

Mais à quelle cause pouvons-nous faire honneur d'un résultat ausssi consolant, aussi digne de notre attention? Ce n'est qu'au génie de la fédération : celle-ci rassemble ce qui est épars, donne de la force à ce qui est foible; elle est donc nécessaire à plusieurs petites nations nulles par elles-mêmes, qui habitent des vallées solitaires ou des archipels, et par la même raison elle ne convient pas à un peuple homogène qui occupe le même pays, parce qu'alors elle affoiblit une force acquise, en divisant et décomposant ce que la nature avoit uni. Aussi voyez les fédérations établies chez un peuple qui existe sur une grande plaine ou un continent, elles sont toutes dans la plus grande foiblesse, et pour ainsi dire dans une sorte de nullité, relativement aux puissances qui les

avoisinent, comme le prouve l'empire ger-
manique (*).

Nous avons montré les situations où le
régime fédératif est indispensable, celles où
il est nuisible; mais s'ensuit-il pour cela que
la fédération ne doive pas exister entre
grandes puissances, ou entre celles qui sont
assez fortes pour se conserver ou se défendre par elles-mêmes? C'est ce que nous
allons examiner : assurément il n'est pas de
question plus intéressante pour l'humanité.

1°. Le nœud fédératif est nécessaire à
plusieurs petites nations voisines, et rien
n'est plus évident; il est palpable que sans

(*) On en peut dire autant, et à plus forte raison,
de l'Italie moderne. Pourquoi cette contrée si forte
par la nature, est-elle néanmoins si foible qu'elle ne
peut résister à une invasion ? Cette foiblesse relative ne vient point de ses principes religieux : (ceux-
ci sont les mêmes dans des états voisins très-puis-
sans) elle vient de ce que la politique a séparé ce
qui est uni par la nature, de ce que l'Italie, qui
ne fait qu'un seul peuple de l'Ethna aux Alpes, a été
divisée en une multitude de parties restées sans
liaison, et que souvent même on est parvenu à donner
à ces parties un esprit contraire.

cette liaison, elles n'auroient aucune consistance, et ne pourroient subsister un instant en société politique; elles seroient également hors d'état de résister et aux troubles intérieurs et aux attaques du dehors.

2°. Un peuple homogène qui habite une grande étendue de pays, ou un continent, ne doit pas être fédéré; rien encore de plus simple : ce peuple étant *un* par la nature, c'est manifestement agir contre celle-ci, que de le diviser ou fédéraliser, car la fédération n'est qu'un moyen pour unir ce qui est divisé naturellement, et non pour séparer ce qui est uni.

Ces deux vérités sont extrêmement sensibles, mais en résulte-t-il que l'union fédérative ne doive pas exister entre les grandes puissances, ou entre ces grandes masses capables de se contrebalancer? Non sans doute, et si conformément à la règle donnée par les grands maîtres que nous avons cités plus haut, nous examinons ce problême dans ses élémens primitifs, nous verrons distinctement que la fédération étant un des principes d'ordre social, les grands états doivent se fédérer aussi bien que les petits, et que si cette maxime présente dans l'exécution des obstacles apparens ou même réels, elle n'en est pas moins incontestable dans la théorie.

En effet, 1°. le type du corps politique est l'homme individuel : cela posé, le premier soin de celui-ci est la conservation et la défense de soi-même, il ne peut se conserver et se défendre que par la société avec ses semblables ; or, il en est absolument de même du corps politique, ce dernier ne peut à l'exemple de l'individu se conserver et se défendre qu'en s'unissant à ses voisins.

Il n'y a pas de force *réelle et absolue* dans les institutions humaines, toutes leurs forces ne sont jamais que *relatives ou d'opinion* ; elles sont toutes *absolument* foibles, sujettes à tous les revers, à toutes les vicissitudes, à tous les maux auxquels les hommes eux-mêmes sont exposés ; souvent le colosse politique le plus robuste, le plus formidable en apparence, est, comme l'expérience l'a tant de fois justifié, *réellement* plus foible que celui dont il se fait craindre le plus ; donc il est de l'intérêt bien entendu, même des grandes puissances, qu'elles soient fédérées entr'elles.

2°. Cette conséquence est une application très-

simple et très-directe de nos grands principes, je veux dire la *moralité* et la *perfectibilité*. Si les hommes sont des êtres moraux
et perfectibles, les peuples en corps ne sont
pas sans doute d'une nature différente, ils
ont nécessairement entr'eux les mêmes devoirs à remplir (et ces devoirs sont beaucoup
plus stricts, *parce qu'ils ne peuvent éprouver
des passions individuelles*); les souverains
qui en sont les chefs, ne sont que des individus
à l'égard des autres souverains : ils doivent
donc s'associer, se défendre mutuellement,
et par un corollaire également nécessaire,
ils doivent aussi être les juges, les médiateurs
de tous les différends qui peuvent s'élever
dans leur sein et menacer l'ordre commun.....
Mais voilà, s'écriera quelqu'un, la belle chimère de la paix perpétuelle : point du tout,
n'en craignez rien. Celle-ci n'est ni dans la nature, ni conséquemment dans le droit naturel ;
elle n'a existé dans aucune famille, chez aucun
peuple, les plus petites nations fédérées elles-
mêmes n'en ont pas joui, enfin c'est une
chose évidemment impossible entre les hommes ; mais ce qui n'est pas impossible à des
êtres moraux, c'est d'employer les moyens
capables de diminuer la guerre et de la rendre

plus rare , et si le lien fédératif entre les grandes puissances , est reconnu pour être un de ces moyens, on ne voit pas , *en droit,* la raison qui empêcheroit de le mettre en œuvre; et si malgré cela on pense différemment, ou si de ce que les hommes par leur propre *fait* ont rendu une chose difficile à exécuter, on en conclut que les *principes* eux-mêmes sont faux et chimériques , il n'y a plus à raisonner , alors il faut détruire tout ce que nous avons élevé jusqu'à présent , il faut soutenir que *moralité, perfectibilité, logique,* etc. sont des contes et des mots vuides de sens ; il faut conclure, en un mot, que la force est vraiment le seul arbitre de nos destinées ; mais tout homme qui ne professera point ce machiavélisme (*) et admettra quelques prin-

(*) Le machiavélisme a fait de tels progrès aujourd'hui, que selon un grand nombre de personnes d'esprit, la guerre est nécessaire aux corps politiques , que sans elle il y auroit trop de monde au bout de 3o à 4o ans, et que l'on s'entr'égorgeroit. Il est visible que ces personnes croyant au fatalisme, ou (ce qui revient au même) n'admettant pour le monde aucun principe de moralité actuelle et effective, n'admettront aucune des maximes, aucune des conséquences exposées dans cet écrit, tout cela est

cipes moraux, sentira que ces derniers ne
peuvent transiger avec la force ; il reconnoîtra que plus celle-ci augmente, plus
ceux - là doivent lui être opposés, et il
fera ensuite ce raisonnement..... Il y a une
mesure commune ou il n'y en a point : au
premier cas, elle n'est pas autre pour l'individu, autre pour les sociétés, autre pour
les petits princes, autre pour les grands, et
il en conclura que les uns doivent être
fédérés comme les autres ; mais il y a
plus, s'il réfléchit sur les progrès de l'esprit
humain dans la science sociale, il verra que
ces maximes sont admises généralement par
toutes les nations civilisées. En effet, celles-ci
depuis long-tems ont senti la nécessité d'un
équilibre politique ; or, il est évident que

---

pour elles de pauvres billevesées : quant à nous, nous
croyons devoir leur observer seulement que l'ordre
social est indivisible, qu'autoriser sous tel prétexte
que ce puisse être le *machiavélisme politique*,
c'est autoriser le machiavélisme *civil* ; que selon
le droit naturel, machiavélisme et athéisme sont
des mots parfaitement synonymes, ou des correlatifs nécessaires.

cet équilibre ne peut avoir de base sans là fédération (*).

Je crois vous avoir expliqué les élémens du régime fédératif, et ils se développeront de plus en plus à votre esprit, si vous méditez sur cette intéressante partie du droit naturel (qui me semble n'avoir pas encore été suffisamment cultivée, et dont l'on peut dire, *super hoc jàm multi aliquid, sed nondùm satis*). Mais au surplus quels que

---

(*) L'on a observé que nulle coalition ne pouvoit rester unie, et de-là on a conclu que les fédérations ne sauroient exister entre grandes puissances; mais il n'y a pas d'analogie entre ces deux choses, et la conclusion est fausse. Les coalitions sont des unions momentanées de force pour une telle guerre ou une telle conquête; or celles-ci engendrent nécessairement, et ne peuvent engendrer que la discorde : la gloire et la renommée seules diviseront toujours des puissances coalisées, cela prouve de plus en plus que la guerre est contre nature.

Il en est bien différemment des fédérations, celles-ci ne sont pas des rassemblemens de forces pour détruire, acquérir ou exercer des vengeances, mais elles sont des unions perpétuelles de plusieurs volontés constituées dans un tems calme, pour le bien commun et sur-tout pour la paix, or cet esprit est tout-à-fait opposé à celui des coalitions.

soient les avantages des fédérations, il est certain qu'ils seront nuls (sur-tout pour de petits peuples qui ne peuvent exister sans elle), s'ils ne sont bien pénétrés que leur véritable force est moins dans le nombre des soldats (*) que dans l'amour de la patrie commune.

Amour de la patrie ! je ne sais si ces mots présentent encore aujourd'hui une idée, un sens, s'ils ne sont pas devenus un signal de dérision ; mais quoiqu'il en soit, si des peuples fédérés n'ont pas ce sentiment dans le cœur, tout est perdu pour eux, la fédération n'est plus qu'un aggrégat de choses contradictoires, une absurdité. Chacune de ses par-

---

(*) Xerxès ayant appris à Salamine que la victoire ne dépend pas du nombre des troupes, chercha à mettre la division entre les Grecs confédérés ; il promit en conséquence le commandement de toute la Grèce aux Athéniens, mais ceux-ci conduits par Aristide, dédaignèrent ces offres.

Si des confédérés n'ont pas des Aristides ou des Thémistocles à leur tête, il leur sera fort difficile de réussir ; ce qu'ils ont le plus à craindre, c'est la division, et c'est toujours avec cette arme qu'on les attaquera.

ties étant dans un état naturel d'isolement et de foiblesse, il est palpable que l'union seule pourra leur donner l'ensemble dont ils ont besoin, et si les mœurs des fédérés sont si altérées ou tellement différentes de ce qu'elles étoient lors du pacte fédératif, qu'il ne soit plus possible de compter sur cette vertu, il est non seulement dangereux de continuer la fédération, mais il faut y renoncer au plutôt; les principes du gouvernement étant changés, il faut que celui-ci change lui-même, et qu'on n'imagine pas que des forteres naturelles pourront empêcher ce changement : non, il est forcé, il est inévitable. *Venit summa dies.* L'histoire des anciens Grecs et celle des Venitiens en dernier lieu, nous ont appris qu'il ne sert de rien d'être au milieu de la mer, si ceux qui forment la cité ne sont étroitement unis, et ne sacrifient à la défense commune toutes leurs divisions intestines. Il ne servira pas davantage non plus d'être gardé par des montagnes, les alpes n'ont résisté ni aux Annibal, ni aux Césars d'aucun tems, et elles ne seront pas plus difficiles à l'avenir, si par le faisceau de leurs boucliers, ceux qui les habitent n'offrent une autre résistance (*).

____

(*) Selon Montesquieu, la vertu est le principe des républiques ; si cette maxime a quelque vérité, c'est sur-tout pour les fédérations. La vertu est vraiment le principe de toutes nations fédérées, quel que soit d'ailleurs leur régime particulier. Mais si l'union fédérative doit exister entre tous les peuples voisins, la vertu doit être le principe de tous les gouvernemens ; je n'apperçois à cet égard aucune distinction dans le droit naturel, et une maxime qui n'est pas dans celui-ci, ne peut-être vraie.

CONFÉRENCE

CONFÉRENCE X.

Plusieurs peuples fédérés peuvent-ils devenir une puissance une et indivise ?

RIEN n'est plus beau, plus régulier au premier apperçu, qu'une puissance une et indivise ; mais plusieurs nations différentes par la religion, les mœurs, le langage, coupées d'ailleurs par des lacs, des précipices, des montagnes impraticables une partie de l'année, peuvent-elles être soumises à un seul gouvernement ? Nous allons examiner cette question qui a bouleversé toute la Suisse.

Quand des hommes ont la même origine, les mêmes principes, la même langue, ils se recherchent toujours, et se font un centre commun sans que rien puisse les en empêcher : voilà ce qu'est un *peuple* dans son état naturel. Mais quand ils n'ont entr'eux aucun des rapports qui viennent d'être dits, ils ne se recherchent pas, n'établissent pas de centre, et ne forment point naturellement un peuple ; c'est ce que la comparaison va rendre sensible.

Il est parfaitement dans l'ordre que toutes les parties de la France obéissent à un seul souverain , quoique éloignées par les plus grandes distances ; parcourez cette immense superficie du nord au midi, de l'orient au couchant, vous y verrez sur tous les points, les mêmes maximes, les mêmes idées, les mêmes signes , en un mot le même génie ; or voilà des élémens qui tendent sans cesse à un centre commun , c'est-à-dire à une puissance une – indivise, et ce seroit agir contre nature que de leur donner une direction différente.

Mais ce qui est vrai pour un peuple, ne l'est pas également pour d'autres , quoique contigus ou voisins entr'eux ; ainsi les Autrichiens, les Bohémiens , les Hongrois, les Croates, les Polonois, ne formeront jamais un seul corps politique , chacune de ces nations, quoique l'on puisse faire , aura toujours un centre à elle propre , qui ne sera pas celui de sa voisine. Ces principes élémentaires s'appliquent tout naturellement à la Suisse : en effet, 1°. le nord et le milieu de ce pays (quoique d'une surface peu étendue) est aussi allemand que la Souabe, le midi est français tout autant que la ci-devant Comté, et les Suisses situés au-delà des Hautes-Alpes ne sont pas moins italiens que les habitans de la Calabre.

Or, il suffit de faire ces observations, pour être convaincu que les différens membres de la fédération helvétique ne peuvent former un seul peuple, ni par conséquent une puissance une-indivise, à moins qu'on ne veuille forcer la nature et heurter toutes les habitudes (*).

Par la raison contraire, il est des peuples

(*) Ces vérités se sont développées de la manière la plus sensible, dans les différentes assemblées qui ont eu lieu à Lucerne ou à Berne. Ces assemblées étoient composées d'allemands, de français et d'italiens. Quand la discussion se faisoit en français, elle n'étoit pas entendue par ceux qui ne possédoient point cette langue, et réciproquement. On a bien cherché à remédier à ces inconvéniens par des interprètes, par l'impression, mais on sait que ces moyens qui ne font qu'augmenter les frais, sont toujours insuffisans. Il faut sans doute, pour juger en connoissance de cause, que le juge ait parfaitement entendu le débat, sans quoi il ne juge pas et donne sa voix au hasard. N'est-il pas à craindre que plusieurs suffrages n'aient été donnés ainsi ?

tellement unis par la nature, ou des impressions devenues indestructibles, que l'on ne pourroit plus en faire des confédérés, et c'est notamment ce qui seroit impossible à l'égard de la France. Tous les français se ressemblent trop: premièrement, les différentes productions de leur territoire les ont mis tous dans une dépendance mutuelle, ensuite la religion, l'éducation, le langage, et pardessus tout cela un centre auquel ils sont attachés depuis quatorze siècles; voilà ce qui dans l'exacte vérité a fait de ce peuple une seule famille, que l'on tenteroit vainement de diviser aujourd'hui. On le diviseroit sous un titre ou sous un autre, il se réuniroit toujours de lui-même. Tels sont les vrais fondemens de ce *gallicum robur*, de cette puissance pour laquelle il n'y eut jamais à faire de conquêtes vraiment utiles que sur le nom français. Ce corps politique est moins étendu que plusieurs autres, mais la nature et l'institution l'ont fait si robuste, ont tellement proportionné sa grandeur à sa force, qu'il n'a à craindre que son aggrandissement. Il y a donc des peuples qui ne peuvent être fédérés, comme il y a des fédérés qui ne sauroient devenir des puissances une - indivises, et ceux qui vouloient fédéraliser la France, autant que ceux qui veulent rompre la fédération helvétique, me semblent également avoir eu un projet contraire à la nature des choses.

2°. Est-il réellement avantageux à la Suisse de devenir une puissance une et indivise, dans le sens de ces expressions appliquées à la république française? Cette question non moins que la précédente, est digne du plus grand intérêt.

Il n'existe pas un corps politique dont les parties ne soient liées d'une manière quelconque (autrement ces mêmes parties seroient étrangères entr'elles); ainsi sous ce point de vue, l'on ne pourroit soutenir que les membres du corps helvétique n'ont eu jusqu'à présent aucune cohérence, comme ses réformateurs l'ont prétendu. Ces membres ont été unis par un pacte fédératif, et cette union ne peut être regardée commn illusoire, ou il faut en venir à soutenir que toute fédération est *mauvaise et vicieuse en soi;* car s'il en a existé une bonne, c'est précisément celle dont nous parlons.

En preuve de cette vérité, j'en appelle aux faits : les anciens Suisses n'ont-ils pas été étroitement unis, toutes les fois qu'il s'est agi du salut de la patrie? Il est palpable que sans une parfaite union, un peuple si petit n'eût pas résisté aux attaques de forces beaucoup supérieures ; donc il est à présumer que déjà la fusion de ces peuples en un seul, ne leur rapporteroit aucun avantage nouveau, sous le premier et le plus important rapport, celui de la défense commune ; assurément il est permis de douter (sans être suspect de mauvaise intention) que les Suisses d'aujourd'hui sous une puissance une et indivise, feroient mieux que ne firent leurs anccêtres confédérés.

3°. Toutes ces observations porteroient sans doute à faux, et j'en conviens, s'il étoit démontré que le nouvel ordre de choses dût rendre les Helyétiens plus heureux qu'ils ne l'ont été jusqu'à aujourd'hui ; mais c'est le contraire, il paroît évident que l'indivisibilité seroit pour eux la source d'une ruine totale.

Il suffit pour en être convaincu de faire une petite comparaison: sous le régime fédératif, les Suisses (et je parle sur-tout des petits cantons) n'avoient à payer ni troupes, ni fonctionnaires publics : chacun étoit soldat (c'est-à-dire personne ne l'étoit, et c'est le grand

bonheur des peuples fédérés), la seule ré-
tribution des juges étoit la confiance de leurs
concitoyens ; ils n'avoient point de représentans dans les cours étrangères, les dé-
penses publiques y étoient nulles ou presque nulles : hé bien, ces avantages réunis, qui
sont tout pour des peuples pauvres, qui forment ce qu'ils appellent leur *précieuse liberté*, s'évanouissent dès qu'ils seront soumis
à un gouvernement central : 1°. toutes les
différences réelles fondées sur la diversité
de religion, de langage, de mœurs, se produiront dans toute leur force, (et l'on en
a déjà fait l'expérience.)

2°. Une puissance une et indivise (si nous
prenons le vrai sens de ces mots) est une
monarchie sous telle forme qu'on cherche
à la déguiser ; il faudra à celle-ci un extérieur imposant et une force d'opinion,
par conséquent des troupes soldées, des
conseils permanens, des cours de justice,
des ministres, des ambassadeurs, un système de finances, des impositions ordi-
naires, extraordinaires, etc. Or, toutes ces
choses ameneront nécessairement l'ambition,
l'intrigue, la cupidité, en un mot tous les
vices chez des peuples qui ne doivent leur

liberté, ou le peu de bonheur dont le monde les a vu jouir, qu'à la sagesse qu'ils ont eu de ne pas se mêler activement des querelles politiques de leurs voisins.

Mais pourquoi, grand dieu, une telle révolution? Ses partisans ont-ils voulu imiter la France? Mais il faut observer que celle-ci, quoique l'on fasse, *est une et indivise*, et que ces mots qui n'ont rien ajouté à son état naturel étoient évidemment inapplicables au corps helvétique.

N'ont-ils cherché dans ce moyen qu'à mieux assurer l'indépendance de leur pays? Mais la métamorphose proposée est encore évidemment contraire à ce but, puisqu'elle lui fait perdre tous les avantages dont la jouissance a formé sa liberté. Le bonheur de *chacune* des parties de la Suisse ne peut consister que dans le régime le plus simple et le moins dispendieux possible (*), formé

(*) Les Suisses en général doivent avoir le régime le moins dispendieux possible, et par conséquent le plus simple, voilà le principe; mais cependant il faut éviter un autre excès non moins funeste. Souvent pour trop simplifier, on tombe dans l'arbitraire, et c'est-là une des principales causes de désordres intérieurs de ce pays. Les formes protec-

sur les mœurs et l'autorité paternelle, et la protection, dont *l'ensemble* a besoin, ne peut venir que d'une fédération.

> *Principio has leges, æterna quo federa certis*
> *Imposuit natura locis, ex tempore quo jàm*
> *Deucalion vacuum* lapides *jactavit in orbem,*
> *Undè homines nati* durum genus.
>
> Virgille, Georg. l. 1.

trices y manquent, les objets de simple police, d'administration, de justice contentieuse ou tutélaire, de justice correctionelle et criminelle, n'y sont pas suffisamment distingués; de-là incertitude, confusion et par conséquent l'arbitraire. Il ne faut pas croire qu'un peuple est heureux parce qu'il habite un valon isolé, ou qu'il porte un costume antique, ce seroient là des illusions, c'est précisément un peuple simple qui a le plus besoin d'être garanti par les institutions, parce que l'opinion publique y domine peu. Ce n'est pas assez non plus que ce peuple soit démocratique, ou parfaitement libre, à quoi tout cela lui sert-il, si les loix ne sont pas claires? Je sais bien qu'il ne pourra avoir plusieurs autorités constituées, que le même fonctionnaire public sera juge civil et criminel, et administrateur tout à la fois; mais c'est précisément pour cela que les loix ont besoin d'être plus parfaites chez lui que chez tout autre, où les différentes autorités se surveillent et exercent une censure mutuelle.

CONFÉRENCE XI.

Sur la nature et les effets du serment politique.

Nous avons parlé dans les conférences dernières de la vertu politique, cet article nous conduit naturellement au moyen que tous les législateurs ont employé pour s'assurer de cette vertu, je veux dire le serment : nous allons examiner la nature et les effets de celui-ci. Qu'est-ce que le serment ? Ce mot seul, par la force de nos anciennes impressions, rappelle encore aux esprits les moins réfléchis, l'idée générale d'une action grave et sérieuse; mais par la plus singulière des inconséquences, peu de personnes en ont une idée exacte et précise, et par une contradiction non moins frappante, rien aujourd'hui qui parmi nous soit plus avili et prostitué que le serment; il importe donc de rétablir sur cette matière fondamentale les principes entiérement effacés, méconnus.

Le serment n'est pas une simple *promesse ou engagement* de faire une telle chose, ce seroit en donner une notion bien insuffisante et même très-fausse; il est une obligation dont rien au monde ne peut dispenser celui qui la contracte, à la différence des autres engagemens qui sont nécessairement subordonnés aux circonstances, et qu'un être moral n'est tenu de remplir qu'autant qu'il en a la possibilité.

Ce qui prouve la vérité de ces maximes, c'est que celui qui prête serment ne s'engage pas envers les hommes, mais envers l'être suprême, ceux-là n'en sont que les témoins et les objets. Ainsi faire un serment, ce n'est pas prendre *Dieu à témoin* (cette formule est fausse en logique), mais c'est lui jurer en termes exprès, qu'on fera telle ou telle chose, c'est provoquer toutes ses vengeances, au cas que l'on devienne infidèle ou parjure. Donc celui qui jure, reconnoît publiquement une *providence spéciale* à l'égard de l'homme, et celui qui ne croit pas à cette *providence* et néanmoins prête serment, se joue tout à la fois et de la divinité et de ses semblables.

C'est ensuite de ces principes, que les législateurs de tous les tems ont mis leur ouvrage sous la sauve-garde du serment, lequel a été généralement regardé comme la clef de la voûte de l'édifice social.

Ils ont supposé que tous les hommes admettoient un Dieu *remunérateur et vengeur*, et dans cette hypothèse, ils ont cru n'avoir rien fait, si l'individu ne promettoit à ce premier être lui-même d'être fidèle observateur de leurs loix.

Ainsi le serment n'est pas seulement la reconnoissance solemnelle d'une autorité supérieure aux loix civiles, d'une première souveraineté dont celle des hommes n'est que l'image, il est encore le plus grand moyen que la politique ait pu mettre en œuvre. Il est impossible à celui qui réflechit sur cet acte en lui-même, de ne pas reconnoître ces vérités, et cependant il n'est rien dont les chefs des nations aient fait un plus grand abus. Déjà Philippe, roi de Macédoine, disoit qu'on amusoit les enfans avec des jouets et les hommes avec des sermens, et depuis ce prince, combien d'autres n'ont pas regardé les hommes comme des enfans et les sermens comme des jouets? Nous allons fixer les cas où il est inutile; ceux où il est dangereux, et même contraire à l'ordre.

Nous avons dit que cet acte étoit un engagement de l'homme envers Dieu, de cette définition dérivent nécessairement les conséquences suivantes : 1°. le serment ne doit être exigé que dans des circonstances très-importantes, et ne se faire qu'avec une *entière liberté*.

2°. Il est une action individuelle, lors même qu'on le prête en *corps* ou *assemblée* ; le corps ou l'assemblée n'étant pas un être moral, l'individu jurant est le seul qui s'engage, le seul qui contracte les obligations qui en sont la suite ; par conséquent, ce dernier doit apporter la même réflexion, la même conscience dans le *serment politique* que dans le *civil*.

Il y a plus, ces expressions sont impropres et fausses : il n'y a ni serment politique, ni civil, celui-ci est essentiellement *moral*, et il prouve que l'unique ressource, l'unique fondement de la politique elle-même est la moralité. Un serment fait à la tribune, au champ de Mars, devant les autels et les tribunaux, celui d'un homme libre ou d'un esclave, d'un prince et d'un sujet, etc. sont tous le même acte, c'est-à-dire une obligation contractée avec la divinité, et s'il est une déclaration quelconque où l'être suprême ne soit pas invoqué, elle n'est plus un serment.

3°. Cette obligation est *irrévocable* de sa nature. Dès que l'on s'engage envers Dieu, on ne peut s'engager aujourd'hui et révoquer demain : cette mobilité est manifestement contraire à un engagement pris avec l'être *immuable* par essence.

Si le serment pouvoit se révoquer, ou le dernier être détruit par le premier, Philippe auroit eu raison, il ne seroit évidemment plus qu'un jouet avec lequel on amuse les enfans, et la solemnité que nous y attachons n'est plus qu'une farce de jongleurs, une misérable parade.

Le machiavélisme rira de cette irrévocabilité, mais ce qui est bien certain, c'est que si elle n'a pas été reconnue chez toutes les nations d'une manière formelle et explicite, elle a été observée et mise en pratique rigoureuse par tous les peuples qui ont eu des mœurs et une longue durée, *jus jurandi neglecta religio deum ultorem habet*, disoit la loi romaine; aussi ce fut ce principe qui plusieurs fois sauva cette republique et contre ses ennemis du dedans, et contre ceux du dehors.

A la retraite du mont Aventin, le peuple

fut excité par ceux qui le conduisoient, à massacrer le sénat; il ne fut arrêté que par la serment qu'il avoit prêté de suivre les consuls à la guerre.

Les meneurs eurent beau équivoquer, distinguer, former des doutes, prétendre que l'obligation du peuple n'étoit pas applicable à la conjoncture du moment, l'irrévocabilité du serment l'emporta, elle répondit aux sophismes, expliqua ce qui pouvoit être douteux, eut plus de force que l'éloquence des sénateurs, elle seule enfin suppléa au défaut des loix, au vice de la religion et de la constitution.

Après la bataille de Cannes, le même peuple tomba dans une telle consternation, qu'il avoit résolu d'abandonner Rome, et se retirer en Sicile. Le serment prêté à Scipion empêcha seul cette émigration qui, plus décisive que toutes les victoires d'Annibal livroit l'Italie entière au pouvoir de celui-ci, en un mot, si l'on remonte aux véritables causes des événemens, à ces causes d'autant plus sûres, qu'elles sont moins vantées, (et c'est à ce qu'il me semble le plus grand sujet de méditation pour le politique et l'homme d'état) on demeure convaincu que la maxime de l'irrévocabilité du serment ne fut pas seu-

lement ce qui sauva plusieurs fois la république romaine sur le bord de l'abyme,
mais le vrai principe de sa grandeur, le
ressort principal qu'ont employé ses conducteurs, et dont aussi ils ont cruellement abusé.

4°. Le serment ne doit être proposé que
sur des choses extrêmement simples, où dont
celui qui le prête a une connoissance parfaite. Cette conséquence n'a pas besoin d'être
développée, il est sensible que si mon engagement est irrévocable, je dois savoir ou
être en état de savoir ce à quoi je m'engage.
Les exemples suivans donneront l'idée d'un
serment dont les objets sont simples et à la
portée de ceux à qui on le prescrit.

*Vous jurez fidélité au gouvernement sous
lequel vous êtes, vous jurez de défendre la
patrie contre ses ennemis, de remplir en
conscience et selon les loix cette charge de
magistrat ou de tuteur..... De prendre Pau-
line ici présente, pour votre épouse légitime* (*) *; de dire la vérité sur tel fait dont*

(*) Puisqu'on exige un serment des époux, le
mariage est donc indissoluble. L'on n'en demande
point à ceux qui font des contrats civils; je ne sais
comment l'on pourroit en logique détruire cet argument.

vous

vous avez été témoin ou avez connoissance.
Dans tous ces cas et leurs semblables, celui
à qui on l'impose sait parfaitement ce qu'on
lui demande ,et ce à quoi il s'engage, donc
il doit le prêter.

5°. Par une conséquence nécessaire de
ce paragraphe, le serment exigé sur des
objets dont celui qui doit le prêter n'a pas
de connoissance , n'est pas obligatoire en
droit naturel. Cette conséquence est aussi évidente que la première, dont elle est un corollaire nécessaire ; mais il faut la développer, à cause de ce qui se pratique tous les
jours au contraire. Lorsque nous ne connoissons point parfaitement l'objet de notre
engagement , nous ne connoissons pas toute
l'étendue de nos devoirs, ni la moralité qui
leur est attachée, il n'y a donc pas de véritable obligation : ainsi , par exemple , il
est contre la nature du serment de le demander en *gros* sur un corps de loix.

En effet, 1". il est impossible qu'un corps
de loix soit connu du plus grand nombre
de ceux que l'on veut faire jurer, et dans ce
cas , c'est un serment fait à l'aveugle ou
sans connoissance de cause.

2°. Toutes les loix sont des statuts révecables d'eux-mêmes, le législateur qui les a faits aujourd'hui, peut les révoquer demain en tout ou en partie ; donc ce serment seroit contraire à l'irrévocabilité qui est l'essence de cet acte, comme il a été dit plus haut.

Mais il y a plus, un tel serment est inutile, le législateur ou gouvernant n'a besoin que de fidélité à sa personne, la promesse de celle-ci est donc la seule qu'il ait intérêt d'obtenir. On n'obéit pas à une loi, mais au souverain qui l'a rendue, lequel ayant le droit de la rendre a aussi celui de la modifier ou de la supprimer.

C'est à la violation de ce principe qu'il faut attribuer les abus qui tous les jours se font du serment appellé fort mal-à-propos *politique*. Ceux à qui on le demande croyant ne s'engager à rien, il est devenu pour eux un geste insignifiant, une pantomime sans conséquence.

6°. Le serment étant un vœu fait à l'être suprême, on ne peut le prêter en vain, ni sur des choses contraires au droit naturel. Cette disposition a été expressément sanctionnée par un des premiers articles de la loi révélée (*) ;

____

(*) Voyez ce que j'ai dit sur les maximes éter-

donc si l'on en exigeoit un qui favorisât directement ou indirectement les passions ou les mauvaises mœurs, le refus de le prêter seroit très-légitime. Ainsi le serment par lequel Jephté promet à Dieu d'immoler la première personne qui s'offrira à lui, étoit illégitime. C'est offenser la divinité que de lui promettre des choses contraires aux premiers devoirs de la nature, et il en est de même de celui d'Hérode qui s'engage à donner à une danseuse tout ce qu'elle lui demandera, et fait en conséquence apporter à cette femme la tête de celui qui censuroit sa conduite. L'on ne doit point d'après cela prêter serment pour ou contre des choses inanimées, ou des institutions sociales, ces actes sont contraires et à la saine raison, et aux bonnes mœurs, tels sont ceux de haine à la liberté, à la république, à la royauté, ou à une nation, etc. il est évidemment contre nature, immoral, et même impossible de haïr un peuple, une institution, ou autres choses inanimées quelconques : toutes ces hyperboles, ouvrages de la passion, ne font que pro-

---

nelles, sur la différence qu'il y a entre elles et les lois.

faner la sainteté du serment, et montrer à ceux à qui on le demande, qu'on n'en fait plus qu'un jeu. Tel fut celui que le père d'Annibal enfant fit prêter à ce dernier, au pied des autels, contre le nom romain. Rien de plus immoral et de plus faux tout à la fois. Le serment n'est point un acte de haine, ni de vengeance, mais l'obligation de faire une chose juste, et de remplir un devoir, comme de défendre sa patrie contre ses ennemis, ce qui renferme tout ce qui est à faire contre ces derniers.

7°. Le serment exigé d'un être moral ne peut être contraire aux maximes qu'il professe, donc celui prescrit à un homme qui admet la révélation, ne doit pas être opposé aux articles qu'il croit révélés, par conséquent l'on ne doit point proposer à un juif de jurer sur une chose contraire au Pentateuque, ni à un chrétien sur celle qui le seroit à l'évangile, ce dernier, par exemple, ne peut prêter le serment imposé aux Européens à leur entrée au Japon : celui-là n'est pas un bon citoyen qui ment aux principes de la morale universelle, ou à ceux de sa croyance publique, il ne mentira pas moins à ses loix, à ses magistrats.

CONFÉRENCE XII.

Sur la nature et les effets de l'opinion publique.

Nous avons établi en droit naturel que *souveraineté*, et *liberté* sont des choses essentiellement différentes, et qu'à la première seule appartient le pouvoir législatif et exécutif; mais d'un autre côté, il existe dans la société des êtres libres et moraux, une espèce de souveraineté supérieure à la première, et dont il importe de faire connoître la nature et les effets. Cette puissance singulière que les peuples civilisés appellent *opinion publique*, est supérieure à tous les souverains et le vrai maître du monde.

La loi n'atteint pas l'individu dans les deux tiers de son existence, c'est-à-dire dans ses foyers, mais l'opinion publique va l'y trouver, elle pénètre dans les familles et les retraites les plus secrettes, elle observe l'adolescent qui commence sa carrière, et le vieillard qui finit la sienne; elle s'attache au pauvre, au riche, elle suit le pas du mendiant, fait sentinelle à la porte du solitaire qui n'a pour voisin que la forêt, etc. en un mot nul individu ne lui échappe; mais ceux qui fixent ses regards d'une manière spéciale, ce sont les hommes qui ont pris la charge de conduire les autres, et en général tous ceux qui prennent un chemin séparé du vulgaire, plus ils s'écartent de la foule, mieux elle les observe, et les juge plus sévèrement.

Ce souverain n'a point de pouvoir exécutif, il n'agit physiquement sur personne, et c'est précisément ce qui fait toute sa force.

L'autorité, la fortune, la victoire, la renommée, la naissance, la foiblesse, et le malheur eux-mêmes, ne sont rien à ses yeux, s'ils ne lui sont présentés des mains de la justice.

Souvent il fait triompher celui qui est condamné à boire la ciguë, et flétrit ceux qui ont prononcé cette condamnation : souvent il donne la couronne au vaincu et l'ôte au vainqueur. Son tribunal est le conservateur né des types primitifs avec lesquels doivent se rapporter toutes les actions humaines, c'est un sénat où sont jugées sans appel les grandes questions que le simple particulier n'ose aborder , ces procès entre puissances égales, (et qui s'abusent en croyant n'avoir point de juges sur la terre,) enfin l'opinion publique est un ministère sans cesse en activité, qui envers et contre tous, oppose le *droit au fait*, la *justice à la force* (*). Et ne pensez pas que ce qui vient d'être dit soit imaginaire: non, réfléchissez, consultez l'expérience, et vous apprendrez mieux que je ne puis vous le dire, ce que l'opinion publique fait dans la société.

Voici par exemple un homme dont la con-

(*) Rien n'ess plus conforme à l'opinion publique que cette réponse faite à celui qui a la force.... *En faisant ce que vous exigez de moi, je perdrois votre estime, donc je ne puis le faire.* Il n'est pas non plus d'éloge plus digne d'elle que celui-ci.... *Ils ont tout perdu excepté l'honneur.*

Horace a chanté le triomphe de l'opinion publique dans cette belle ode :

> *Justum et tenacem propositi virum*
> *Non civium ardor prava jubentium*
> *Non vultus instantis tyrannis,*
> *Mente quatit solidà ;*
> *Si fractus illabatur orbis*
> *Impavidum ferient ruin*.

duite extérieure est conforme à la loi, il remplit les devoirs de sa place, il a fait quelques actions d'éclat, il a été vertueux un tel jour, etc.

Celui-ci se répand en largesses, en profusions, il se confond en révérences, en complimens, il a toutes les voix de la multitude.

Celui-là est favori du prince, à la tête des armées, ou sur le trône, etc. hé bien, il est possible qu'aucun de ces hommes n'ait obtenu le suffrage de l'opinion publique, tandis que cet autre, dont la vie n'a rien d'éclatant, qui passe ses jours dans l'obscurité, ou même dans l'infortune, a toute son approbation; voilà des vérités éternelles : nous les trouvons écrites sur toutes les pages de l'histoire, laquelle n'est que le sécretaire de l'opinion publique, tous les jours nous en faisons l'application sur ceux avec lesquels nous vivons, et ces derniers font la même chose à notre égard.

Il n'est donc rien de plus constant que l'existence de ce juge redoutable, qui met indistinctement dans sa balance, tous les êtres libres et donne à chacun d'eux son mérite et son prix; mais ne nous bornons pas à reconnoître cette puissance en morale, examinons la sous le point de vue politique, voyons ce qu'elle fait contre le despotisme et l'abus du pouvoir.

La première considération qui se présente sous ce rapport, c'est que l'opinion publique étant de sa nature supérieure au souverain, ou au magistrat, il sera impossible à celui-ci d'avoir aucun véritable succès sans celle-là, mais s'il parvient à la distinguer et à se mettre sous son égide, il a vaincu tous les obstacles ; la grande science de celui qui conduit une société d'êtres libres et moraux, c'est d'en connoître la véritable opinion dans tout ce qui est relatif à l'intérêt général.

— Vous venez de nous montrer la puissance de l'opinion publique, mais veuillez bien nous définir au juste, ce que l'on doit entendre par ces mots, et nous apprendre ensuite comment et par qui elle se forme, nous en avons beaucoup entendu parler, mais nous n'avons sur ce sujet aucune notion claire et précise.

⇄ Je vous ai déjà fait observer dans plusieurs de nos conférences, que souvent il n'y a aucun accord entre nos pensées et les signes que nous employons pour les représenter, mais ici particulièrement, il y a contradiction formelle entre *le mot et la chose*.

1°. Ne croyez pas que l'opinion publique soit ce que dit et demande la multitude ou le plus grand nombre, si cela étoit, ces deux expressions nous donneroient en logique le comble de l'absurdité, en morale ou politique, le renversement de tout ordre; c'est ce que l'exemple va rendre extrêmement sensible..... Quand l'on dit que l'opinion publique veut le duel, on tombe dans une erreur capitale; ce qui commande le duel n'est qu'une erreur nationale, reconnue très-fausse, très-funeste. Cela est tellement vrai, que la raison universelle (en d'autres termes l'opinion publique) condamne ce préjugé de toutes ses forces, et gémit des malheurs qu'il fait à la société (*).

____

(*) On a prétendu que des rois de France avoient heurté l'opinion publique, en faisant des loix contre le duel; c'est là une erreur grave : peut-être ces loix n'ont-elles pas atteint leur but, mais les législateurs qui les ont portées n'ont voulu que frapper un préjugé de leur nation, ce qui sans doute n'est pas offenser l'opinion publique.

Nota. On emploie encore ce mot dans d'autres sens, et rien ne jette plus de confusion dans les idées et les discours. On appelle une force *d'o- pinion*, celle qu'on veut distinguer de la force *réelle* :

Il en est de même quand la France entière retentissoit du cri *démocratie*, ce n'étoit point là l'opinion publique des Français ; celle-ci, comme l'on sait, disoit précisément tout le contraire. Que devons-nous donc entendre par ces mots ? Nous devons entendre le vœu réfléchi de tous les habitans d'un pays dont *le cœur est sans passion et l'esprit droit*, de quelle condition qu'ils soient d'ailleurs : s'il pouvoit en être autrement, l'opinion publique ne seroit ni sûre, ni infaillible, ni la règle de toutes les autres opinions.

2°. Elle ne se forme jamais dans l'agitation et le tumulte (situation où l'homme ne peut avoir ni rectitude ni liberté), mais dans le calme et la réflexion, élémens nécessaires de tout jugement.

3°. Etant formée par des hommes tels que nous venons de les désigner, ils ne peuvent avoir pour objet que le vrai et l'utile.

4°. Ceux qui composent ce tribunal de *liberté*, n'étant pas connus de ceux qu'ils ju-

---

celle-ci se compose de l'étendue, de la fertilité, de la population d'un pays ; l'autre est celle de la souveraineté et des loix : il me semble qu'il vaudroit mieux dire dans ce dernier cas, force *d'institution*.

gent, ils n'ont rien à en espérer, rien à en craindre.

5°. Leurs jugemens n'ayant pas de force coactive, ils ne peuvent être arrêtés par aucune considération.

Voilà comment et par qui se forme l'opinion publique ; or, vous concevez bien clairement, d'après cela, qu'elle est dans la nature de l'homme, qu'elle est une suite nécessaire de la liberté, de la moralité, qu'elle préexiste à toutes les institutions, et que nulle force humaine ne peut l'empêcher.

— Vos principes sont en contradiction : vous soutenez d'une part que le peuple n'est pas souverain, et cependant sous le titre d'opinion publique, vous lui donnez une souveraineté supérieure à toutes les autres, rien n'est plus contradictoire.

= 1°. En définissant l'opinion publique, le jugement des hommes *droits* et *sans passions*, nous avons suffisamment exclu la multitude, il suffit que l'homme soit en présence du grand nombre, pour n'avoir plus ni rectitude ni liberté.

2°. Ne perdez pas de vue que ce qui est souverain ne peut être libre, ni ce qui est libre être souverain : or, l'opinion publique étant

le tribunal de la *liberté*, elle est bien différente de la *souveraineté*, ce sont des élémens
qui ne se confondent point.

— L'opinion publique existoit-elle chez les
anciens ?

= Non , du moins telle qu'elle est
aujourd'hui , et même cela n'étoit pas
possible : n'ayant que des idées fausses sur
le principe de moralité , les anciens ne pouvoient en tirer que des conséquences fausses
sur les actions humaines. Chez eux, les maximes *primitives* n'étoient pas distinguées
des *loix* , tout ce qui étoit permis ou non
défendu par ces dernières , étoit réputé *vrai*,
en un mot, la *force* y faisoit le *droit ;* or
dans cet état des choses, il ne pouvoit y
avoir d'opinion publique déterminée. Comment celle-ci eût-elle pu censurer les excès,
les désordres des particuliers ? C'eût été censurer tous les dieux à la fois ; donc cette
puissance n'existoit pas chez les anciens ,
comme elle n'existe pas davantage chez les
peuples d'aujourd'hui qui sont dans la même
situation , sous les rapports dont nous venons
de parler.

L'homme n'est *social* que parce qu'il est
moral , et si les règles de société ne sont pas

puisées dans la moralité même, elles sont nécessairement fausses et vicieuses.

.....Observez à cette occasion que la *moralité* et la *morale* ne sont point des termes tout-à-fait synonymes. Celle-ci est la science particulière des devoirs que l'homme doit remplir envers ses semblables, celle-là a un sens plus étendu, c'est le systême universel de toutes les choses morales. Les langues sont encore bien insuffisantes, pour exprimer *clairement* toutes nos idées.

— La censure des romains étoit une magistrature qui veilloit sur les mœurs, elle étoit donc chez ce peuple l'organe très-éclairé, très-impartial de l'opinion publique.

= Il s'en faut infiniment, la censure romaine veilla jusqu'à un certain point sur les mœurs, et sous ce point de vue, elle ne fut pas sans utilité, en empêchant sinon la corruption générale, du moins celle de quelques particuliers; mais elle ne pesoit que sur les foibles ou sur ceux que les censeurs vouloient perdre, et c'est ce qui fit dire à Juvénal avec son énergie ordinaire :

Dat veniam corvis, vexat censura columbas.

Une magistrature aussi sainte n'est point de nature à être exercée par un homme, quelle que soit la vertu de celui-ci ; il est bien trop dangereux que sa volonté ou sa passion ne se glisse sous la robe du censeur, ne substitue sa voix à celle du public, ou même ne la brave ouvertement, comme cela arriva tant de fois aux censeurs de Rome (*).

La censure ne doit afficher aucune couleur, être ni aristocrate, ni démocrate, ni de la cour, ni de la ville, elle ne doit pas même invoquer les loix (ceci est l'ouvrage du magistrat), etc. Il faut qu'étrangère à toutes les corporations et à leurs intérêts, supérieure à toutes les factions

(1) Les censeurs romains employèrent cette autorité à leur vengeance personnelle, dans la conduite qu'ils tinrent à l'égard de Mamercus Emilius, parce que ce dernier pendant sa dictature, avoit fait réduire le tems de la censure à 18 mois.

Ce dictateur n'eut pas plutôt abdiqué sa dignité que C. Furius et M. Geganius, censeurs cette année, en vertu du pouvoir *attaché* à leur charge, le retranchèrent de sa tribu, le jetèrent dans la dernière classe comme un homme indigne du droit de suffrage, et le condamnèrent à un tribut huit fois plus fort que celui qu'il avoit coutume de payer. Mais cet avilissement au lieu de déshonorer Emilius, lui donna un nouvel éclat, toute la honte de cette vengeance retomba sur ses auteurs. *Hist. rom. an* 319 *de la république.*

et à leurs misères, la censure s'élève pour ainsi dire au-dessus de notre atmosphère pour ne voir que la vérité ; mais un tel emploi est au-dessus de l'humanité, la nature des choses a voulu que l'action d'un ministère aussi nécessaire que sublime fût indépendante des hommes, et sortît du mérite même de l'institution. Voilà pourquoi il n'**y** eut jamais nulle part de véritable censure : aussi pour voir combien cette jurisdiction étoit abusive à Rome, il suffit de faire quelques observations sur celui qui lui donna le plus de relief, sur Caton lui-même (*).

Cet homme étoit distingué par les mœurs les plus rigides et une justice incorruptible, cependant il abusa de sa magistrature pour satisfaire des vengeances personnelles, et il

(1) La censure fut pour le rigide Caton, un masque sous lequel il exerça sa haine personnelle, quoique sa conduite ne fut pas exempte de blâme. Il dégrada un sénateur uniquement pour avoir embrassé sa femme en présence de ses filles.

Il vexa les deux Scipions, fit condamner l'Asiatique, sur la dénonciation la plus injuste, l'exclut de l'ordre des chevaliers, et le réduisit au niveau des moindres citoyens. L'innocence de cet illustre accusé fut reconnue dans la suite, et il obtint la réparation qui lui étoit due. *Hist. rom.*

exerça

exerça publiquement une usure excessive, en disant froidement sur cet article.... *L'usure n'est point réglée par les loix, donc elle est légitime, à quel taux que ce soit.*

Il ne faut pas sans doute d'autres faits pour justifier combien peu chez les Romains la censure exprimoit le vœu de l'opinion publique, et combien cette dernière y étoit foible : si elle y eût eu un tant soit peu de force, elle auroit distingué entre le droit et le fait, opposé les maximes éternelles au silence des loix, enfin elle n'eût pas souffert pour régulateur des mœurs un homme qui professoit en morale, que ce qui n'étoit pas textuellement prohibé étoit légitime (*). •

(*) Une chose qui chez les anciens me paroît avoir eu quelque rapport avec l'opinion publique. (et certainement beaucoup plus que la censure) ce sont les oracles qu'ils alloient consulter au loin. Ces oracles au moins étoient supposés impartiaux, puisqu'ils étoient des dieux ; ils pouvoient donc prononcer sur le droit, et dire la vérité ; mais craignant d'un autre côté, que le fait en contrariant leur décision, ne ruinât leur crédit et leur commerce. ils ne répondoient que par des équivoques et des ambiguités qui pussent à tout événement

— L'opinion publique est-elle égale chez les peuples modernes ?

= Non : les principes de vraie civilisation ou de moralité (ces termes sont synonymes) n'ont été expliqués, développés nulle part que par la révélation ; donc l'opinion publique n'a de véritables lumières que chez les peuples où la loi révélée est admise, et si cette assertion vous étonne, il n'est pas moins très-facile de vous en donner la démonstration....

tirer leur divinité d'embarras, ainsi de pareilles réponses n'étoient pas tant le témoignage de l'opinion publique, que celui du desir où l'on étoit de la connoître.

Quand cette dernière eut acquis une certaine force par le christianisme, tous les oracles tombèrent, et cela étoit inévitable. En effet, l'opinion publique ne craignant personne, parlant fort clairement, il devint superflu d'aller acheter fort cher des doubles sens, des amphibologies.

Il en arriva de même à plus forte raison à la censure, qui montra toute son insuffisance et sa nullité.

Mais malgré cela, beaucoup d'auteurs en ont vanté les bons effets, ont parlé de la rétablir, mais c'est évidemment la chose impossible ; cette institution n'étant pas dans la nature, ne peut entrer dans l'ordre social.

La loi révélée ou le christianisme est la seule institution qui ait distingué explicitement le regne des maximes éternelles, d'avec celui des loix positives, ou le *droit* d'avec le *fait.* Cette distinction seule changea la face du monde, il en résulta nécessairement dans l'ordre social, comme nous l'avons prouvé, une jurisdiction inconnue des anciens, qui prononça sur la conformité de toutes les actions humaines avec les mêmes maximes. Cette révolution morale donna aux esprits une direction nouvelle, les sages conférerent les principes du droit naturel avec ceux de la loi révélée, et ils trouvèrent que ces derniers n'étoient véritablement que les premiers, comme l'avoient déjà pressenti et jugé nécessaire plusieurs philosophes. On chercha ce qui étoit vrai ou faux *en soi,* on distingua partout entre le *droit* et le *fait* entre le fort interne et externe; or cette étude ne put se faire sans créer une puissance toute d'instruction et de lumière, laquelle, sans force et sans coaction (ce qui est le plus haut dégré de civilisation possible), demande à tous les êtres libres, compte de leur liberté, et notamment aux dépositaires du pouvoir, celui de l'emploi qu'ils en font; ainsi vous voyez qu'il n'y a de véritable

opinion publique, que chez les peuples chrétiens, quelle que soit d'ailleurs la forme de
leur gouvernement civil. Mais un effet des plus
merveilleux, et que vous ne pouvez trop admirer, c'est que si les constitutions ou les loix de
ces peuples ont des vices ou des défauts, l'opinion les corrige par sa seule vertu, elle y con-
traint les hommes par les moyens les plus doux
et sans qu'ils s'en doutent, à être inconséquens
avec eux-mêmes, à décréter d'une façon, à agir
de l'autre, en un mot elle les oblige à se soumettre au droit naturel, malgré des usages et
des préjugés contraires.

Il y a plus, on peut ajouter ici qu'une
constitution parfaite est la chose impossible
(en chercher une de cette espèce, c'est poursuivre la chimère); mais cette impossibilité
n'a rien d'allarmant pour l'humanité : le
bonheur et la civilisation sont moins l'ouvrage d'une constitution, que de l'opinion
publique, celle-ci force les élémens les plus
opposés à se mettre en équilibre.

J'ai dit, que cette puissance avoit la vertu
de corriger les institutions défectueuses, mais
cependant comme toutes les parties de l'ordre
social doivent être en harmonie et se corres-
pondre, le gouvernement où elle a moins
d'obstacles à vaincre pour développer son

action, c'est celui qui est formé sur le modèle de la souveraineté *par essence :* ce résultat évident est encore une consèquence nécessaire de nos principes.:

Dans cet état, le chef seul est élevé au dessus de l'horison, il devient donc naturellement l'objet de l'attention universelle, le point de convergence de tous les rayons. Quoique supérieur à tous, il est plus dans la dépendance de l'opinion de ceux auxquels il donne des lois, que ces derniers ne sont dans la sienne. Il est vu, inspecté, examiné par tous, et lui, ne peut voir personne.

Que cette destinée est singulière! Il saura, si on le lui a bien appris dès son enfance, que tous ses mouvemens sont comptés, que le moindre de ses gestes est mis dans la balance la plus rigoureuse, que s'il est souverain, il a lui-même un maître qui lui demande un compte rigoureux de tous ses instans et que ce maître, par le plus étonnant des contrastes, se trouve parmi ses propres sujets, au milieu de ceux-là même qui le caressent, le flattent, et peut-être le trompent davantage.

Tel sera l'effet de l'opinion publique, de ce grand a ob le jusqu'à présent méconnu, ou négligé dans une grande partie du monde ; mais quoi qu'il en soit de son état actuel chez les différentes nations, on ne peut assez reconnoître tout ce qu'elle a déjà operé. Depuis le règne de l'évangile, dont elle est le fruit, elle a répandu en Europe des bienfaits que nous voyons s'augmenter tous les jours de la manière la plus sensible : c'est elle qui distingue ce continent des autres parties du globe, et ces dernières changeront de face dès que son empire s'y établira. Elle seule est le balancier de nos machines politiques les plus vantées, lesquelles sans son action-continue, éprouveroient les plus funestes dérangemens.

Ici j'en appelle aux faits : la France pendant nombre de siècles a-t-elle eu, de l'aveu des hommes les plus instruits, un autre modérateur ? Sans doute elle y avóit encore des progrès à faire, mais toujours est-il constant, que les Français lui doivent tous leurs avantages, et l'on peut dire la même chose des autres peuples civilisés de l'Europe, sans rechercher d'ailleurs quelles sont leurs institutions particulières.

Par exemple, n'est-ce pas visiblement à l'opinion publique, que nous devons attribuer l'équilibre singulier qui règne en Dannemark,

depuis que son gouvernement a été déclaré héréditaire et absolu? C'est toutefois le jugement que porte l'histoire sur un résultat aussi digne d'attention. Voici comme en parle l'abbé Milot dans ses élémens, et il est en cela conforme à tous les autres historiens....
« Pour se venger de ses oppresseurs, le peu-
« ple sacrifia au roi, la liberté nationale,
« établit la monarchie héréditaire dans la
« maison de Frédéric III, et lui déféra l'au-
« torité absolue sans que les nobles pussent
« s'y opposer. Ce qui n'est pas moins éton-
« nant, c'est que les Rois de Dannemark, ar-
« més du pouvoir arbitraire, en ont usé avec
« sagesse et modération, tant les mœurs et
« les coutumes d'un peuple courageux con-
« tiennent les gouvernemens, et quelle autre
« cause peut-on imaginer de ce phénomène
« dans une suite de six rois?

Or, je le demande, qu'est-ce que l'on peut entendre ici, par les mœurs nationales? Evidemment ce n'est autre chose que l'opinion publique. Autrefois la couronne de Dannemark étoit élective, les Danois avoient une *liberté politique*, ou une portion de *souveraineté*, et gémissoient sous la *tyrannie*: en 1660, ils renoncent à être *souverains* pour devenir *libres*, abolissent le régime électif, créent sur eux un pouvoir absolu, et depuis ce tems ils ne reprochent à aucun de leurs rois ni abus, ni despotisme, et sont un des peuples les plus heureux de l'Europe, tandis qu'à la même époque un autre état du Nord en suivant des principes et donnant des exemples contraires, est tombé dans les convulsions les plus violentes, et que des républiques fameuses après de longs désastres ont fini par disparoître tout-à-coup. Certes, il n'est pas de contraste plus frappant dans les annales du monde, ni d'exemple plus digne d'être mis en évidence: mais à quelle cause peut-on en faire honneur ? ce n'est qu'à l'opinion publique, celle ci a la vertu de contenir deux élémens opposés, qui doivent se balancer mutuellement pour l'ordre social, la *souveraineté*, la *liberté*. On appellera le gouvernement danois absolu, arbitraire, despotique, etc. mais ces expressions ne sont rien, tout ce qu'elles nous présentent d'odieux s'évanouit devant les faits dont nous venons de rendre compte.

— Comment le magistrat et sur-tout l'homme élevé à la souveraineté, pourra-t-il connoître cette voix qui sera étouffée par tant d'autres, et lesquelles auront aussi chacune la prétention d'être la seule vraie ?

= Cette difficulté existe sans doute, mais elle n'est pas insurmontable.

Le prince ou le magistrat qui veut sincérement connoître l'opinion publique, ne la cherchera ni dans les discours, ni dans les écrits des corporations ou des sectes ; ceux-ci ne seront que les organes de volontés particulières, ou de volontés de corps : il ne prendra pas non plus pour son expression ce que l'on dira à ses oreilles, mais il s'informera de ce que l'on dit hors de sa présence, au loin et même chez l'étranger ; il n'est pas de pays qui n'ait ses sept sages comme la Grèce, bien qu'ils n'y soient pas connus ; voilà ceux qu'il consultera sans qu'on s'en apperçoive, sans chercher à les connoître, il est difficile qu'en prenant ces moyens, il ne parvienne à distinguer l'opinion publique.

On dit que celle des étrangers ne doit pas être négligée : sans doute cette mesure est dans tous les tems d'une grande sagesse, mais elle devient un devoir rigoureux dans les divisions intestines. En effet, si les premiers élémens de justice nous enseignent que nul ne peut être juge dans sa propre cause, comment n'en seroit-il pas de même en politique, où il ne s'agit pas d'un intérêt particulier, mais de tous les intérêts réunis, c'est-à-dire, de la maison qui les renferme et les protège tous ?

Ce moyen souvent dédaigné, éludé des grandes puissances, employé toujours avec succès par les petites (et dont la Suisse recueille dans ce moment les résultats), est fondé sur ces deux règles de droit naturel.

1°. Le maximum de perfection pour l'*individu politique*, est de ressembler à l'*individu moral*.

2°. Celui qui est pourvu d'une grande force peut se tromper sur le *droit*, sous ce rapport, il est naturellement plus exposé que le foible, et les dangers de sa résolution sont incalculables.....

Quidquid delirant reges , plectuntur Achivi.

— Dès que l'opinion publique ne fait qu'approuver ou blâmer, que ses jugemens n'ont aucune exécution, nous ne concevons pas quelle si grande puissance elle peut avoir sur l'homme, car celui-ci ne peut être excité que par l'espoir du plaisir ou la crainte de la peine ; donc la vertu que vous attribuez à l'opinion publique est beaucoup plus imaginaire que réelle ?

= Si vous croyez que des êtres moraux

ne peuvent exister ensemble sans se sur-
veiller mutuellement, et si cette surveillance
ne peut avoir lieu sans produire une censure générale, ne pensez pas que celle - ci
soit imaginaire : ce seroit la plus grande
de toutes les erreurs. Rien n'a de véritable
force que ce qui est dans la nature ; ainsi
de ce que les jugemens de l'opinion publique ne s'exécutent point d'une manière
sensible, ils n'en produisent pas moins des
effets auxquels rien ne résiste. Ils impriment
sur le front de l'homme, quel que soit son
extérieur, une note qui annonce à la société
entière sa juste valeur, comme fait l'empreinte
sur une pièce de monnoie mise en circulation.
Ils ont donc une exécution morale à laquelle
rien ne se peut comparer, et près de laquelle
toute exécution physique est nulle.

Il n'est pas un individu qui ne reconnoisse
ces vérités, et cette reconnoissance universelle est pour moi une autre démonstration
de cette *moralité* qui est la véritable essence
de la nature humaine, et dont la vertu se dé-
ploye sous un jour nouveau, de quel côté qu'on
envisage une matière si riche, si féconde.

De tous nos sentimens le plus indestruc-
tible c'est celui de notre réputation, et une

chose, selon moi, plus facile à admirer, qu'à expliquer, ce sont ses effets sur les individus les plus incultes et ceux à qui jamais il n'a été développé : oui, le plus étonnant des prodiges pour quiconque se donnera la peine d'y réfléchir, c'est que dans cette classe, il en est un nombre infini qui sur la terre n'ont depropriété qu'un *bon nom*, et qui avec ce bien seul, se consolent de la privation de tous les autres. Celui qui a vécu le plus malheureux, meurt content et croit laisser un héritage réel à ses enfans, lorsqu'il peut leur dire,..... *personne ne reprochera rien à votre père.* Or, je le demande, pourquoi ces infortunés mettent-ils une si grande importance à l'estime de gens qui n'ont rien fait pour eux, et peut-être ne se sont pas bornés à être négatifs ? On dira que c'est-là un préjugé d'éducation, mais ceux dont nous parlons n'ont été à aucune école, si ce n'est à celle de la nature ; d'ailleurs, étudiez l'histoire des nations les plus sauvages, vous y trouverez chez toutes, ces idées, ces sentimens.

L'homme qui ne croit à aucun principe, et les regarde tous comme des inventions humaines, ne peut s'empêcher de rendre hommage à celui-ci en particulier, il veut passer pour honnête homme dans le monde, lors même qu'il y professe l'*athéïsme*, et à cet égard, son cœur est en contradiction perpétuelle avec son esprit.

Celui qui est au faîte de la puissance et de la grandeur humaine, ne desire pas le suffrage de l'opinion publique (ce seroit dire beaucoup trop peu), mais ce désir absorbe toutes ses facultés; c'est une passion qui le dévore, il ne peut plus former de souhaits, il ne craint personne, il est craint de tous, etc. et son malheur est au comble, s'il n'a l'estime de ses sujets, lesquels sous ce rapport il ne regarde pas comme ses égaux, mais bien comme ses maîtres.

Ce sentiment est donc dans la nature et agit dans tous les individns de l'espèce, même sans l'ombre de culture; mais que ne fera-t-il pas sur ceux auxquels il aura été développé par l'éducation? ce développement leur apprendra que rien n'est comparable aux peines infligées par l'opinion publique, comme rien ne peut l'être aux récompenses qu'elle donne.

— Nous ne concevons pas clairement pourquoi même sous la loi révélée l'opinion publique ne peut dominer dans les aristocraties ou démocraties?

= Rien cependant n'est plus simple : dans les états républicains, il y a nécessairement peu ou point d'opinion publique, parce que chacun du plus au moins, y prend directement part à l'administration des affaires. Dans cette situation, le citoyen se trouve intéressé à soutenir la besogne qui est faite ou à la critiquer, par conséquent il ne peut plus concourir à la formation de l'opinion publique, puisqu'il deviendroit tout à la fois juge et partie, ce qui est le renversement de tout ordre.

Sous le despotisme proprement dit ou de *fait*, il n'y a pas non plus d'opinion publique, et la raison en est palpable. Il est contraire à la condition d'un esclave ou d'un homme opprimé qu'il ait une opinion à lui, c'est-à-dire qu'il la fasse connoître : ici elle n'existe point, parce qu'on n'ose y lever les yeux, ouvrir la bouche ni les oreilles ; là il n'y en a point ou très-peu, parce que tous y étant souverains, magistrats ou enrôlés dans un parti, personne n'y a plus l'impartialité nécessaire pour former ce tribunal (il est impossible d'être libre et souverain tout à la fois).

Si dans une république il y avoit un parti neutre, l'opinion publique y seroit dans toute sa force et sa pureté ; mais ce

parti neutre ne doit et ne peut y être. Il
faut par la nature de la constitution, que
chacun se range dans une classe pour ou
contre. Les neutres dans une république,
loin d'être citoyens, sont les ennemis naturels de l'état ; il y avoit à Athènes une loi
de Solon qui ordonnoit à chacun, dans les
troubles civils, de se décider pour un parti ;
mais cette loi là même prouvoit combien le
principe de ce gouvernement étoit faux,
c'étoit vouloir corriger un vice par un autre.
Sous la souveraineté une et indivise, il n'y
a point de parti, point de faction ; l'opinion
publique y sera donc ausssi *une, sans divisions*
et dans toute sa force : il ne s'agira plus que de
lui donner des appuis ou des soutiens ; et nous
dirons tout à l'heure ce que l'esprit humain
a déjà fait à cet égard, et ce qu'il peut faire
encore. Mais avant d'aller plus loin, il faut ici
arrêter la conclusion qui résulte de cette importante conférence, et fixer le principe qu'elle
donne au profit de la civilisation ou de la
liberté, car celle-ci est l'unique objet de
nos recherches.

1°. L'état de l'opinion publique chez
un peuple, est le vrai thermomètre de sa
liberté ; voilà une vérité non-seulement dé-

montreé en droit naturel, mais reconnue par tous les gens de bien.

2°. Nous avons établi que la première ne peut exister sans la distinction entre les *maximes* et les *lois*, nous devons en conclure ... il n'y a de *liberté* que sous le christianisme, la seule institution, où la même distinction soit vraiment dans la théorie et la pratique, et si le christianisme n'est qu'un mot, l'opinion publique elle-même et la liberté ne seront que des mots.

3°. L'opinion publique ne peut être dominante que dans l'état, où l'institution est formée sur le type de la souveraineté par excellence, où les êtres *libres* sont séparés du *souverain*, et réciproquement, nous devons en conclure aussi...il n'y a de vraie liberté que sous le gouvernement d'un seul.

CONFÉRENCE

CONFÉRENCE XIII.

Sur les appuis et soutiens de l'opinion publique.

DEPUIS quelque tems on ne parle dans la bonne société que de l'opinion publique, chacun exalte son pouvoir, ceux même qui la heurtent le plus, prétendent à son approbation, et tous l'appellent la maîtresse, la reine du monde, on ne peut sans doute mieux reconnoître sa puissance, mais sur quoi cet hommage est-il fondé?

Tout cela ne'st-il pas une affaire d'imagination, un préjugé comme tant d'autres, avec lequel on fait plus de bruit que de réalité? Non, rien de plus vrai : il est impossible que des hommes vivent ensemble sans se juger mutuellement, et ce jugement se fait, même par les plus immoraux, lorsqu'ils sont libres de passions : le sentiment invincible de leur conscience, les force à blâmer dans les autres ce qui est le plus à reprendre en eux-mêmes. Ainsi le tribunal de l'opinion publique existe dans la nature des choses morales, indépendant des hommes, antérieur à toutes leurs institutions, et c'est une vérité qu'un ancien proverbe nous représente en d'autres termes, en disant qu'elle est la voix de Dieu, *vox populi vox Dei*; en effet, ce qui est dans l'essence des choses est vraiment *de Dieu*, ces expressions sont synonimes, la divinité est l'être *nécessaire et essentiel*.

Mais ce n'est pas assez de professer un principe de droit naturel : si l'on en demeure là, on n'a rien fait pour l'ordre social, ou la liberté, tout se réduit à prononcer une phrase, à reconnoître une belle maxime en théorie, et cela sans doute est un très-foible avantage.

Il faut donc, si l'on veut rendre la censure publique vraiment utile, sur-tout chez les peuples civilisés où sa voix sera usurpée par celle des passions, (car celles-ci vont toujours de pair avec les lumières,) il faut lui créer des organes qui en seront les promoteurs, et il faut en outre que ces promoteurs soient plutôt dans les choses que dans les hommes, sans quoi le but seroit encore manqué. Souvenez-vous que la con-

sure ne peut être exercée par des ministres particuliers, ces ministres ne seroient que des magistrats qui eux-mêmes doivent être jugés par
elle; or voici à cet égard, les moyens qui nous
sont enseignés par la théorie et l'expérience.

Le premier, comme le plus important, c'est
d'enseigner dans les écoles publiques, tous
les points de droit naturel, et d'exiger que
cette science soit connue de tous ceux qui
se destinent aux fonctions sociales.

Le second, est la discussion publique devant la justice, de toutes les questions suscitées
par l'intérêt particulier, et l'obligation à tout
fonctionnaire public, de donner les motifs
de ses jugemens, ou autres décisions quelconques.

Le troisième, est la liberté de la presse,
sous les restrictions ci-après.

Si ces moyens sont bien organisés, ils feront
connoître la véritable opinion publique, rien
ne pourra les séduire, ni les corrompre; mais
cependant ne vous attendez pas à la perfection, ce seroit une chimère (les mains de
l'homme ne peuvent toucher aux meilleures
choses sans en abuser.) Mais les abus qu'ils
feront de celles-ci causeront moins de mal à
la société, que leur privation, ou plutôt ces

abus feront ressortir les bons effets ; les moyens dont il s'agit feront tourner à l'avantage commun , les facultés et les passions des individus (même malgré eux), et c'est ce qui en prouve le mérite réel.

Enseignement du Droit naturel.

1°.Une chose qui fait l'étonnement de toutes les personnes réfléchies, c'est que cette puissance que nous appellons la reine du monde et qui prononce irrévocablement sur tout ce qui est du ressort de l'esprit humain, n'a cependant pas encore fixé les premiers principes d'ordre social.

En effet, jettons les yeux sur l'état de ces principes, chez les divers peuples.

Dans certains pays, on professe publiquement que la loi naturelle est suffisante, dans d'autres qu'elle ne l'est pas : ici, la souveraineté du peuple est tenue pour un dogme sacré, là on juge qu'il est faux (et ces articles ne peuvent être regardés comme indifférens en politique): il est reçu, il est vrai, assez généralement, que l'homme doit être libre ; mais d'un autre côté, la liberté sociale n'ayant pas été définie avec précision, et ce mot ne présentant pour le grand nombre que des idées vagues, beaucoup n'ont pu faire de justes applications du principe, plusieurs ont mis la liberté dans leurs préjugés, dans des choses purement imaginaires, et jusques dans la servitude, etc, etc. Tel est encore (avouons-le, même en Europe) l'état d'indécision sur les principes ; mais si cette indécision est un obstacle à la civilisation universelle, également nuisible aux gouvernés et aux gouvernans, si elle fait le triomphe du machiavélisme (ce véritable despotisme du monde, ce cruel ennemi des peuples et des rois), il faut employer tous les moyens qui peuvent y mettre un terme ou la diminuer, et un de ces moyens principaux, c'est d'enseigner par-tout dans les écoles, le droit naturel comme il l'est dans les écrits de Grotius, Puffendorf et autres savans, en conférant ces auteurs les uns avec les autres.

Tous les publicistes conviennent que ce travail trop négligé, produira les plus grands avantages, si on le fait avec la liberté qu'il demande. Je dis avec liberté, car s'il ne se fait pas librement, si dans la discussion, l'on est obligé de tenir un langage plutôt qu'un autre, l'opinion publique ne sera jamais ni libre, ni éclairée, et tout restera dans l'incertitude : chacun aura sur l'ordre social, les notions qui lui auront été don-

nées dans son enfance, les élémens de moralité
ne seront que des modes. Une proposition vraie
au nord, sera fausse au midi. Les maximes
changeront selon les degrés de latitude et les
climats, enfin les peuples seront entr'eux dans
un état perpétuel de division, tendant naturellement à celui de guerre (*), et voilà, dans
l'exacte vérité, où en est le monde, c'est-

(*) Comme il n'y a ni confiance, ni amitié solide
entre des individus qui diffèrent sur *les maximes*
essentielles, de même il n'y a pas d'alliance solide
entre des nations qui professent publiquement des
principes opposés, ou en tous cas, la base de cette
alliance sera ébranlée, renversée au plus petit in-
cident, par le machiavélisme auquel il faut des
prétextes bien moindres pour troubler le monde.

Mais quand un peuple a les mêmes principes
fondamentaux que ses voisins, il se trouve par cela
seul avec eux dans un état *naturel* de paix, et une
telle situation est évidemment le premier avantage
qu'il doit rechercher, puisque sans elle, il ne peut rien
édifier, rien construire.

Si, d'après cette règle de droit naturel, nous consi-
dérons le rétablissement public en France, des principes moraux et sociaux qu'elle partageoit avec les
autres peuples du continent avant sa catastrophe révolutionnaire, on ne peut assez reconnoître la sagesse
d'un gouvernement qui a débuté par ce grand ouvrage.
Ceci est digne de la plus sérieuse attention.

à-dire dans un situation violente, contraire
à la nature d'un être perfectible ; mais si les

L'équilibre politique ne consiste pas , comme quelques personnes se l'imaginent , dans le balancement
des forces entre puissances. Cette espèce d'équilibre
est aussi impossible que l'égalité des fortunes entre
particuliers , et s'il en existe un quelconque dans
l'Europe moderne , il n'a pour cause que l'unifor-
mité des principes dans cette partie du monde.

Le christianisme ayant distingué le *droit* d'avec le
fait , il en est résulté cette puissance morale ou
d'opinion , à laquelle le conquérant lui-même est
obligé de se soumettre , qui veut qu'un état foible
soit protégé comme le plus fort , et que la conquête
elle-même soit légitime. Si du tems des Romains , le
monde eût professé l'évangile , ils ne l'eussent pas
opprimé.

Quelqu'un niera ces propositions , et soutiendra que
l'équilibre prétendu n'a jamais existé un seul instant :
que depuis la loi revélée , le monde n'a cessé d'être
ravagé par la guerre comme auparavant. Oui , voilà
le fait ; mais voici le droit. L'évangile a réuni tous
les peuples à un centre commun , en les éclairant
du même soleil moral , en faisant de tous une seule
société , il est donc bien évident que son esprit est
de détruire la guerre ; et si dans le christianisme ce
fléau a existé comme avant , au moins l'on peut dire
qu'il n'y a plus de guerres de *nations à nations propre-*
ment dites , ce sont des guerres de gouvernement
à gouvernement , et cette différence mérite d'être
saisie sous le rapport de la perfectibilité.

articles que je viens de rappeler , et autres non moins capitaux , sont soumis généralement à la

---

L'évangile n'est pas seulement la règle des individus moraux , il est plus rigoureusement encore celle des individus politiques et dont les devoirs sont plus grands. Il est indivisible ; il ne peut être la loi des uns , sans l'être pour les autres , et s'il n'est pas celle des nations en corps , il ne l'est pas davantage des simples particuliers. Il est donc évident , sans rechercher si la religion chrétienne est la seule vraie , ou si elle est celle de nos pères , il est évident , dis-je , n'examinant les choses que sous le rapport politique , qu'un peuple d'Europe , qui y renonceroit aujourd'hui , feroit une marche retrograde en civilisation , et que celui qui a repris publiquement son culte , s'est remis en équilibre moral avec les autres , puisque sans l'unité des maximes l'équilibre est une vraie chimère.

Plusieurs philosophes ont disputé sur la question de savoir si des chrétiens , d'après leurs principes , pourroient être de bons soldats.

J'avoue que jamais question ne m'a paru plus singulière ; certainement je n'en connois pas qui soit mieux décidée par le *fait* , 1°. Les Européens ont assez prouvé qu'ils étoient bons soldats , et ils sont tous chrétiens; 2°. dans leurs *principes*, ils doivent l'être.

Le christianisme est sans doute contraire à la guerre (eh quelle idée nous en ferions-nous , si cela n'étoit pas ! il seroit bien la dernière de toutes les institutions humaines , l'invention la plus absurde et la plus méprisable ;) mais le chrétien , plus que

discussion d'une sévère dialectique, examinés
d'après le précepte des grands maîtres, dans

tout autre, doit être fidèle à sa patrie, à son serment
et par conséquent être bon soldat. Au reste,
la loi révélée ne defend pas toute guerre en elle
même, ou *absolument*, et elle ne le peut pas dans
l'état actuel des passions humaines. Comme elle
enjoint à l'individu de veiller à sa propre conservation, et de repousser par la force une injuste
agresseur, de même elle autorise les corps politiques
à faire tout ce qui est nécessaire à leur sûreté et
défense, ou plutôt la loi révélée, en fait une obligation plus expresse aux chefs de ces corps : c'est un
devoir nécessaire de la souveraineté, un attribut
essentiel de la puissance, une suite de la nature
des choses.

Mais la raison qui oblige le prince de faire
la guerre, pour la *conservation et sûreté* du corps
politique, est celle aussi qui le lui *défend*, lorsque
ce moyen n'est pas devenu d'une nécessité indispensable pour arriver à cette fin.

Cette seconde proposition est évidemment comprise dans la première. La souveraineté n'a été
établie que pour protéger le corps politique : une
guerre même légitime peut toujours en occasionner
la ruine et l'anéantissement, donc ce moyen ne
peut de sa nature être employé qu'à la dernière
extrêmité, encore un coup lorsqu'il s'agit de la conservation ou sûreté de l'etat.

Tel est l'esprit du christianisme sur cette terrible

l'essence des choses, sans avoir égard à ce
que les hommes et les préjugés nationaux y

---

matière. Ses maximes ne sont autres que celles du
droit naturel, ou pour mieux dire, c'est le droit
naturel sanctionné, et qui sans cette sanction seroit
arbitraire, et n'auroit aucune force de loi. Cela posé,
si ce que nous disons tous les jours de l'opinion
publique est vrai, celle-ci a la vertu de décider si
une guerre est juste ou injuste dans le *droit* tout
aussi bien qu'une autre question. Il y a plus, (et
cette observation est bien importante) une question
est toujours simple en raison de l'importance de
son objet, tandis que les différends entre particuliers
sont tres-souvent compliqués, et fort difficiles à régler, comme l'expérience nous l'apprend tous les jours.
Il est palpable que cette disposition a été ainsi vou-
lue par la providence éternelle, car si les questions
qui divisent les peuples entr'eux étoient difficiles en
elles-mêmes, l'exercice de la souveraineté seroit impossible aux hommes.

Il suffira donc de peser, de discuter les motifs
de telle ou telle guerre en particulier, pour que
l'opinion publique puisse juger s'ils sont en concor-
dance avec le principe qui seul peut l'autoriser, et
ne pensez pas que ce travail sera sans fruit, ce
seroit le langage de la servitude, ou d'une insou-
ciance bien contraire à toute perfection sociale.
La souveraineté dans le droit naturel est sacrée,
indépendante de la liberté, nous n'avons pu assez
le dire et le prouver; mais la liberté a ses droits

auront mis d'arbitraire, on en viendra nécessairement à convenir des principes. Sans
doute il est superflu de vous montrer quel
bien cette unité de maximes fera à tous le·
peuples en général, et à chacun en particulier

Je ne sais, si l'on est persuadé comme

aussi, et nous avons établi que dans l'ordre mora:
l'une étoit le balancier de l'autre.

Ainsi, n'en doutons pas, les avantages de cette
discussion générale, seront inestimables, il en résultera une opinion universelle qui donnera l'équilibre entre les peuples, comme elle fait entre les
individus: le jugement des sages retentissant de
toute part sera une puissance de lumières qui éclai-
rera les souverains sur leurs véritables intérets, leur
montrera les devoirs et les bornes de la souveraineté, (celle-ci étant juste par essence, n'est
pas libre de ne point vouloir la justice) ce jugement réprimera les ennemis du genre humain, qui
oppriment la liberté des peuples, et plus encore leur
souveraineté, (car celle-ci est leur propriété autant
que celle-là,) et enfin il fera sortir les Européens de
leur prétendue civilisation peu différente de ce qu'eux
mêmes appellent barbarie, si ce n'est parce qu'ils
savent faire des apologies brillantes, pleines d'esprit
et d'artifice, et mettre plus de raffinement dans les
formes, ce qui la rend beaucoup plus dangereuse, et
pourroit lui mériter pour emblême de la part des
nations incultes, le serpent dans les fleurs ; mais
tant que la discussion ne se fera pas telle que je le

moi, que l'enseignement du droit naturel, fait avec principes et méthode, produira les heureux effets que je lui attribue ; mais pour ne laisser aucun doute à cet égard, il me paroît suffisant d'observer ce que cette étude fait tous les jours dans les choses qui nous intéressent personnellement.

Nous fait-on un procès, nous conteste-t-on le plus petit objet, quelqu'embrouillée et neuve que soit la question, nous savons bien l'éclaircir et rendre sensibles les choses les plus abstraites, nos jurisconsultes vont à la racine de la difficulté, et n'oublient pas le dernier adminicule. Or, ce succès nous garantit que nous réussirons de même pour les vérités *générales* ou *essentielles*, communes à tous les peuples, si nous employons à la découverte de celles-ci le même zèle, la même application qu'à celles-là.

Pourquoi le droit des *gens* est-il moins développé que la morale et la jurisprudence

---

propose dans tous les gouvernemens, l'opinion publique sera toujours nulle : ce ne sera qu'un mot vide de sens, dont l'oppresseur se targuera aussi bien que l'opprimé, et certainement avec plus de succès.

Il est palpable qu'il n'y aura jamais d'opinion publique sur une question quelconque, s'il n'y a pas au préalable une discussion publique.

(lesquelles sont néanmoins des parties du même tout)? pourquoi tant de malheurs et de ravages publics? C'est évidemment parce que les hommes ont toujours mis beaucoup moins d'intérêt à ce qui frappe l'humanité entière qu'à ce qui les touche individuellement, et que par une autre spéculation plus fatale encore à l'espèce humaine, il y en a eu dans tous les tems qui ont mis des entraves à ce développement, et d'autres qui ont eu la perfide adresse de faire passer le langage de leurs petites passions, pour celui de la justice, pour le véritable intérêt des peuples et de leurs chefs.....

On va me dire tout de suite que c'est peine perdue de faire toutes ces réflexions, que rien ne pourra jamais arrêter ces calculs, ces manœuvres, que la *force* fera toujours la loi, quand même les grands principes seroient généralement fixés, et développés, etc. mais premièrement, je vous observe que c'est-là une erreur capitale et tout à la fois des plus funestes, démontrée non seulement pour la nature des choses, mais mieux encore par l'expérience de tous les siècles.

Rien n'est foible comme la force *toute seule*, celle-ci perd à chaque pas qu'elle fait, et chacun de ses mouvemens la mène à sa destruction, tandis que le *droit*, ou la *vérité* de son essence va toujours en croissant, qu'il entraîne les hommes et les soumet malgré eux, par l'irrésistible impulsion des choses. Mais quand nous supposerions à la force une vertu qu'elle n'a pas, et qui évidemment n'est pas dans la nature, seroit-ce là un motif suffisant pour ne pas lui disputer le terrein et la laisser maîtresse absolue? Seroit-ce une raison pour nous, d'abandonner la partie, et de renoncer à employer les moyens que nous fournit cette même nature au moins pour modérer ces excès de la force? Certes un tel procédé seroit plus absurde, plus extravagant qu'on ne le pourroit dire.

Si donc nous ne prononçons pas de vains sons, quand nous appellons l'opinion publique la reine du monde, quand nous implorons son secours contre une injuste violence nous devons autant qu'il est en notre pouvoir organiser son tribunal, lui fournir les lumières dont elle a besoin, en un mot, nous devons la mettre en état de prononcer sur toutes les questions qui peuvent diviser les citoyens d'un même empire, ou s'élever entre puissances, comme elle fait pour les procès entre simples particuliers.

L'opinion publique est quelque chose ou elle n'est rien ; si elle existe, elle doit exercer son empire sur les forts plus que sur les foibles ; or cet empire, elle ne l'exercera jamais, ou il sera vague, indéterminé, et plutôt nul, tant que les élémens du droit naturel, sur la souveraineté, sur la liberté, sur les relations extérieures des peuples entr'eux, ne seront point fixés ; et une vérité de fait dont il est impossible de ne pas être frappé, c'est que, malgré les lumières des Européens, et leur supériorité relative aux autres peuples, ces mêmes élémens n'ont pas encore obtenu chez eux tout le développement dont ils sont susceptibles ; enfin que sous ce rapport essentiel, ils ont encore beaucoup à faire, beaucoup à travailler..... (*) Mais qu'il me soit permis (selon mon usage) de vous rappeller ici un principe que personne ne vous disputera, et d'en tirer une conséquence purement logique, et spéciale au droit des gens..... L'homme est un être moral

____

(*) Les meilleurs livres ne peuvent produire l'effet de la discussion. Les élémens par eux-mêmes n'ont pas beaucoup d'attraits pour la jeunesse.

C'est par conséquent la controverse qui doit être employée comme la plus sûre méthode d'instruction.

et perfectible, donc la vraie civilisation, ou en d'autres termes la perfection du droit des gens, s'il en existe un, n'est et ne peut être que l'union des peuples sur les maximes primitives de cette moralité.

Si cette conséquence est fausse, il est faux que l'homme soit un être moral, ce n'est plus l'opinion publique qui est la reine du monde, mais bien la force ou l'aveugle déesse, ce n'est plus qu'aux autels de cette divinité que nous devons aller à genoux porter nos hommages... et lui dire du fond de nos cœurs.... *Sed nos te* facimus *fortuna deam cœloque colamus.*

Discussion solemnelle des causes particulières devant les Tribunaux.

2°. Le second appui de l'opinion publique, c'est la discussion solemnelle devant la justice, des questions qui s'élèveront entre les particuliers ou entre ceux-ci et le gouvernement, avec l'insertion des motifs qui auront décidé le magistrat. Si l'enseignement des principes généraux dans les écoles nationales a la vertu de fixer l'opinion publique sur les relations extérieures des peuples entr'eux, ou le *droit des gens*, la discussion en présence du public la fixera sur les droits des citoyens, et

sur

sur ce qu'on appelle la *liberté civile*. Cette mesure qui a fait ses preuves en empêchant une infinité d'erreurs et d'injustices, doit être mise en usage chez tous les peuples où elle n'est pas encore admise.

Là où les intérêts du pauvre et du riche se discutent avec la même solemnité, il règne toute l'égalité possible entre les citoyens, on ne peut soutenir dans les tribunaux de prétentions folles, ou évidemment injustes, et bien moins les accueillir. Les défenseurs ne peuvent devenir les organes des passions, leur ministère s'ennoblit, celui-là même qui soutient une erreur, sert la justice et contribue au triomphe de la bonne cause.

Le juge (si on pouvoit supposer sa conscience attaquée), tremblera devant le fossé terrible que la séduction aura creusé sous ses pas, tous, verront fixé sur eux l'œil de l'opinion publique qui ne les quitte pas un instant, tous, sauront qu'elle ne leur fera pas la moindre grace; et si à cette discussion, vous ajoutez l'insertion des motifs du tribunal, l'opinion publique n'a plus rien à desirer, c'est le souverain lui-même qui donne aux sujets la raison de ces décisions; assurément on ne peut en faire davantage en faveur de la liberté et contre le despotisme.

Maximes du droit naturel sur la presse.

3°. L'imprimerie est le propagateur des lumières, et conséquemment le mobile le plus actif de l'opinion publique; mais d'un autre côté, cet art en est lui-même le plus dangereux ennemi, puisqu'il répand et perpétue le faux comme le vrai, sans que rien au monde puisse empêcher cette propagation. Donc la sagesse humaine ne peut trop s'occuper des moyens de régler l'emploi d'un instrument si utile, et tout à-la-fois si funeste; mais quels sont ces moyens? ils sont simples, et les voici tels que me les indique l'étude du droit naturel sur cette intéressante partie de notre civilisation.

1°. La presse doit être libre, rien n'est plus vrai, mais uniquement sous le rapport des *choses*; ainsi un chacun a la faculté de parler, d'écrire, d'imprimer sur toutes les questions, sur tous les écrits, sur tous les ouvrages, mais voilà où se borne cette faculté: il est contraire aux premiers élémens de moralité et de sociabilité d'écrire contre les bonnes mœurs et les personnes, sous tel prétexte que ce puisse être, hors les cas (contre ces dernières) d'une action formelle en justice réglée et sous les risques de droit.

Oui, faites-y la plus sérieuse attention : si la liberté de la presse sur les *choses*, est un moyen de perfection sociale, la liberté de la presse sur les *principes des mœurs* et sur les *personnes*, est l'anéantissement de toute société.

Ces choses sont les deux extrêmes : l'une est entièrement destructive de l'autre, elles sont aussi opposées que la lumière et les ténèbres, et s'il est dans l'ordre de favoriser la première, on doit plus encore réprimer la seconde, parce que ce qui *détruit* fait plus de mal, que ce qui *perfectionne* ne fait de bien, l'un ne peut jamais compenser l'autre. S'il étoit permis d'imprimer contre les personnes et les bonnes mœurs (ceci se confond), peu importe ensuite le bien que pourra faire la presse d'ailleurs, il n'y a plus de société, et conséquemment il n'y a plus besoin de la perfectionner, *dicere de vitiis parcere personis*, cette règle ne souffre aucune exception.... L'immoralité très-connue elle-même, d'un particulier, n'est pas une raison de l'afficher, ce seroit usurper en même tems l'autorité des lois et celle de l'opinion publique, ce seroit la confusion de tous les élémens.

Dans les années dernières, le gouvernement de Milan autorisoit un journal, dont
l'objet direct et formel étoit de parler des
personnes. Cette feuille appellée *Senza titolo*
paroissoit tous les jours avec l'épigraphe.....
*La liberté de la presse porte avec elle
son remède ;* mais rien n'est plus anti-social
qu'une telle application de cette maxime.
Si la plaie faite par la calomnie peut se
guérir, la cicatrice reste toujours ; il est donc
évidemment faux que sous le rapport des
mœurs et des *personnes*, la liberté de la presse
porte avec elle-même le remède de ses maux.
D'un autre côté, si la censure est une charge
trop sublime pour être exercée par l'homme
le plus pur, comment le seroit-elle par un
individu sans caractère, sans mission, souvent
lui-même d'une moralité suspecte? encore un
coup, où de pareilles mesures seroient tolérées,
bien loin de voir un gouvernement, je ne vois
pas même de société.

Je vous ai annoncé que les principes sur la
presse étoient dans le droit naturel, et vous
allez le comprendre : l'écriture n'est autre
chose que l'art de fixer à nos yeux les sons fugitifs de la voix, l'imprimerie n'est que l'écriture perfectionnée ; donc au fond, l'une et

l'autre ne sont que la parole : or la parole, ce privilège le plus éminent de l'ordre moral, sans lequel il n'est pas de sociabilité, que l'homme n'a pas inventé, qu'il ne peut que modifier, comme tout le reste de la *nature*, qui seule prouve une révélation ; or, la parole, cette prérogative sublime lui auroit-elle été donnée pour déchirer son semblable et rompre les liens qu'elle doit former ? Donc l'écriture et l'imprimerie ne peuvent servir la médisance et la calomnie. (*) Telles sont les barrières devant lésquelles l'une et l'autre doivent s'arrêter, barrières qui dans une bonne société ne peuvent être assez fortes, et c'est pour leur donner toute la force possible, que la loi révélée en a fait un de ses premiers articles. Sans une loi supérieure à la raison, les lois civiles sont aussi foibles contre la calomnie que contre la vengeance ; celle-là est la fille de celle-ci.

(*) A Athènes, il y avoit une statue érigée à la calomnie ; à Rome, il étoit permis à un citoyen d'en accuser un autre, et selon Montesquieu cela étoit conforme à l'esprit de la république où chaque citoyen doit avoir pour le bien public un zèle sans bornes. Cela prouve de plus en plus le vice de l'institution. Un principe qui encourage la calomnie, est sans doute contraire au droit naturel.

Il *y* a plus : si la médisance et la calomnie verbales sont contraires au droit naturel, que n'en sera-t-il pas de la médisance et de la calomnie devenues *perpétuelles* par le moyen de la presse? vous voyez qu'il y a ici un *à plus forte raison*, extrêmement sensible.

2°. Je viens de vous indiquer les limites tracées par la nature elle-même, contre la liberté de la presse; mais quand elle sera ainsi restrainte dans ses bornes, elle donnera encore lieu à des abus, à des erreurs. Or quel sera le remède à opposer aux maux de cette dernière espèce? La réponse est fort simple : la maxime dont nous venons de parler, fausse au *premier cas*, est vraie au *second*, dans toute son étendue, par la raison que l'application ne s'en fait plus sur les *personnes*, mais sur les *choses*; ce qui fait une différence du tout au tout, alors les remèdes se trouvent dans l'instrument lui-même, il ne s'agit que de les employer.

Les erreurs sont l'appanage de l'homme, mais elles ne doivent point trop l'alarmer, et jamais le rebuter. Créé perfectible, il est condamné à travailler sans cesse à sa perfection, et à chercher la vérité comme à labourer la terre; mais il ne la trouvera, comme l'or, qu'enveloppée de matières qui ne sont pas elle; ainsi plus l'esprit humain enfantera d'erreurs, et plus la presse les mettra au jour, plus il faudra qu'elle imprime pour les réfuter et les combattre

Il est impossible, par la force des choses et l'effet irrésistible de cette perfectibilité dont nous avons tant parlé, et qui est notre grand principe; il est impossible, dis-je, que de ce travail répété, ne sorte à la fin la vérité pure et sans alliage, et ne se fixe irrévocablement le jugement de l'opinion publique.

Tels sont les moyens qui assureront l'empire de cette reine du monde; mais il ne faut pas se le dissimuler, quelle que soit leur vertu, ils donneront des résultats très-équivoques, si le souverain lui-même ne leur donne le mouvement et la direction.

Comme c'est lui qu'elle regarde plus que tout autre, et qu'il ne peut rien faire de bien sans son secours, c'est lui aussi qui est le plus intéressé à la connoître, à la faire triompher. Un homme seul ne peut règner sur d'autres hommes, cette charge est au-dessus de l'humanité; mais avec l'appui de l'opinion publique, il est assez fort. C'est par elle que les grands rois ont été vraiment grands, c'est par elle qu'ils se sont associés de dignes collaborateurs, c'est par elle qu'ils vivent dans l'histoire, et que leur nom béni d'âge en âge, passera à la dernière postérité.

Hac arte Pollux, et vagus Hercules
Innixus, artes attigit igneas :
Quos inter augustus recumbens
Purpureo bibit ore nectar.

CONFÉRENCE XIV *et dernière.*

Résumé de toutes les conférences et conclusion de l'Ouvrage (*).

L'OBJET que je me suis proposé dans cet ouvrage, a été de rechercher si les élémens d'ordre social sont dans la nature des choses antérieures aux institutions humaines.

Pour arriver à ce but avec méthode, j'ai cru devoir commencer par fixer l'état de la nature de l'homme, et en faire, si j'ose m'exprimer ainsi, une sorte d'anatomie morale. Dans cette disposition, j'ai commencé par rechercher ce qui est le plus commun à toute l'*espèce*, ou se trouve sans nulle exception, dans tous les *individus* : or, ce qui s'est présenté à mes regards sous ce premier point de vue, c'est que chacun d'eux est également travaillé de la même *inquiétude*, de la même agitation du cœur et de l'esprit, jamais content de ce qu'il a, toujours desirant ce qu'il n'a pas.

(*) J'ose espérer que ce résumé sera fort clair pour toutes les personnes qui auront suivi avec attention les autres conférences.

Cette première vérité constatée, j'ai arrêté ce résultat....

1°. Le caractère essentiel de l'homme est une insatiabilité de desirs que rien ne peut satisfaire..... Ou, l'homme est entraîné par la nécessité de *faire son bonheur,* et d'augmenter ce *bonheur.*

2°. Continuant mes recherches, et montant toujours aux causes par les effets, j'ai observé que l'homme avoit une enfance très-prolongée, beaucoup plus longue au moral qu'au physique; que pendant cette dernière, il ne pouvoit exister sans le secours de ses semblables, qu'après l'enfance et dans tous les tems, la solitude lui étoit insupportable, qu'il recevoit les impressions de ceux avec lesquels il avoit passé ses premières années : de ces secondes observations, j'ai conclu :...... L'homme est *sensible* et *impressible,* c'est-à-dire, il ne peut vivre qu'en société.... Il est soumis aux impressions qui lui seront données dans cette même société.

3°. Poursuivant mon examen, j'ai trouvé que l'homme retenoit les idées qu'il avoit eues dans un tems qui n'est plus, qu'il distinguoit le vrai d'avec le faux, le bien d'avec le mal, que malgré cette lumière, il se décidoit souvent pour le dernier plutôt que pour le premier, qu'il étoit libre dans ce choix, qu'il sentoit au fond de lui cette liberté jusques dans la passion.

Qu'à la suite de toutes ses actions, il éprouvoit du *plaisir* ou de la *peine*, de l'*espérance* ou de la *crainte*.

De ces effets constans, j'ai conclu... Outre ses facultés passives, l'homme a des facultés actives, lesquelles sont : la mémoire, la raison, l'imagination, la liberté, la conscience.

4°. J'ai constaté que toutes les facultés dont il vient d'être fait mention, quoique fondues dans le même principe, et s'influançant réciproquement, étoient néanmoins distinctes par des effets propres à chacune d'elles, qu'elles étoient inégales dans tous les individus, susceptibles de plus ou moins de culture et de perfection : j'en ai déduit cette conséquence.... L'homme est un être indéfiniment *perfectible*, c'est-à dire, il tend de sa nature à un état plus parfait que celui où il se trouve actuellement. En d'autres termes, il n'a pas *encore* atteint son dégré de *perfection*.

5°. Réfléchissant sur les effets propres de la conscience, j'ai dit.... Celui qui éprouve de l'espérance, ou de la crainte, de la joie, ou de la peine à la suite de ses actions les plus se-crettes, sent en lui-même qu'il est comptable à une autorité supérieure : j'en ai inféré.... L'homme est dans son essence un être moral, et sous ces mots *être moral*, j'ai compris celui qui est susceptible de louange, ou de blâme de la part d'un supérieur, selon l'usage qu'il fait de sa liberté.

6°. Etudiant les effets de la raison en *particulier*, j'ai reconnu toute son excellence; mais en même tems, j'ai constaté qu'elle étoit une *faculté perfectible*, inégale dans tous les individus, j'en ai conclu.... La raison cultivée peut conduire l'homme à une très-éminente perfection, mais une *faculté perfectible* ne peut être cette *loi*, à laquelle un être moral doit nécessairement conformer ses actions et sans laquelle l'expression *moralité* ne donne aucune idée, aucun sens.

7°. Après avoir établi ce principe que la raison n'est pas une loi *parfaite*, j'en ai déduit la nécessité d'une autre loi qui expliquât la première dans les cas où elle est incertaine, et lui donnât une *sanction* qui la rendit vraiment *obligatoire*, et j'ai ajouté.... Hors cette loi et cette sanction, il n'y a pas de moralité *actuelle* dans les actions humaines.

8°. En conséquence de l'article précédent, j'ai montré dans le cours de l'ouvrage, toutes les fois que j'en ai eu l'occasion, cette vérité importante.... Que les décisions de la loi révélée sont la règle et la sanction de la raison.

9°. Sentant la nécessité de fixer avec précision ce que nous devons entendre par *droit naturel*, j'ai dit... Le *droit*, comme ce mot l'indique assez lui-même, n'est pas une *loi*, mais seulement un guide qui dirige l'homme, et le conduit par le chemin le plus court à la *loi*, nécessaire à un être moral et au bonheur vers lequel il est sans cesse entraîné : ce guide est nécessairement dans sa nature, puisqu'il doit lui-même faire ce chemin : j'ai observé d'après cela, que le droit naturel avoit été mal-à-propos appellé *jus* ou commandement, mais qu'il devoit plutôt s'appeller *rectum naturale*.

10°. La nécessité d'une loi supérieure étant démontrée par l'insuffisance de la raison, j'ai dit.... La première seroit illusoire sans un tribunal qui expliquât, dans les cas douteux, les articles de la loi révélée, et cette jurisdiction purement *morale* et *intérieure* existe dans la *nature des choses*, le législateur de la loi révélée n'a fait qu'en développer les principes, et l'instituer.

11°. Arrivé à l'organisation extérieure du corps social, j'ai dit.... La société n'est que l'état de la nature humaine *perfectionné* ; la liberté est dans l'essence de l'homme, celui-ci doit donc être libre dans toutes les situations où il peut être, tant qu'il n'abuse pas de cette prérogative au préjudice de ses semblables.

12°. Réfléchissant sur l'essence d'un être moral, et admettant en principe que ce dernier doit de sa nature compte de sa liberté à *un supérieur*, j'en ai conclu...*Liberté* et *sujetion* sont des mots synonimes, celui qui est libre est comptable, celui qui est comptable est *inférieur* de sa nature, ces idées n'en font qu'une ; donc *liberté* et *souveraineté* sont des choses inconciliables dans le même être moral.

13°. Pour juger quels gouvernemens sont le plus conformes au droit naturel, j'ai cru devoir au préalable rechercher ce qu'est la souveraineté dans son essence, en faisant abstraction de tout ce que les hommes ont dit ou fait à cet égard, et mes recherches m'ont donné pour résultat... 1°. Que pour des êtres moraux, la souveraineté *essentielle* n'étoit et ne pouvoit être que dans l'auteur de la moralité lui-même. 2°. Que cette souveraineté étoit *une, indivisible*.

De ce double principe, j'ai conclu.... Le gouvernement d'un *seul* est vraiment conforme au premier type de toute souveraineté. L'aristocratie, la démocratie et le despotisme sont contraires au même type.

14°. Plusieurs nations ayant existé au milieu de nous, pendant des siècles, et même été heureuses sous le régime de l'aristocratie et de la démocratie, des faits constans sembloient démentir le principe ci-dessus ; mais je me suis convaincu après avoir examiné les choses de près, que dans ces gouvernemens le peuple et la classe aristocratique n'étoient souverains que de nom, que cette souveraineté n'étoit que dans des apparences ; que dans la réalité, toutes les républiques, où il avoit régné un ordre quelconque, avoient été gouvernées par un *seul homme*, et que cela étoit ainsi déterminé par la force irrésistible des choses.

15°. Après avoir établi que l'aristocratie et la démocratie étoient contraires au premier modèle de souveraineté, mes recherches se sont portées sur le despotisme, et j'ai trouvé 1°. Que celui-ci n'existoit pas en *droit* ou dans les élémens d'ordre social, qu'il n'étoit nulle part qu'un abus de la force, ou une oppression de *fait*, laquelle se trouve dans tous les états de la société, dans tous les régimes, et naturellement plus que dans les autres, dans celui où beaucoup d'hommes exercent le pouvoir souverain. 2°. Que le despotisme *légal* sous lequel gémissent les nations extra - Européennes , n'est que le résultat inévitable de leurs fausses maximes, ou de religions contraires au droit naturel, enfin que ce despotisme *légal* n'a cessé en Europe que depuis le christianisme qui seul a ramené les institutions humaines au même droit naturel.

16°. J'ai examiné les élémens du régime fédératif, et j'ai reconnu que cette union étoit nécessaire à la conservation et défense des corps politiques, comme la société l'est à celle des individus eux-mêmes, et j'en ai tiré cette conséquence.... Le régime fédératif est indispensable à plusieurs petites nations voisines; mais dans les règles du droit naturel, il ne doit pas moins exister entre les grandes puissances, et selon les mêmes règles, ce sentiment que l'on a appellé vertu *politique*, ne doit pas moins exister chez les uns que les autres.

17°. J'ai examiné le sens de ces mots..... *corps politique*, et j'ai trouvé qu'ils nous donnoient

donnoient une idée absolument *fausse*; il n'existe pas de corps politique, dans la nature des choses, il n'y a que des *individus politiques*, c'est-à-dire, des hommes revêtus du pouvoir souverain ; ces derniers sont sujets aux mêmes règles de moralité que les simples particuliers, et même ces règles sont plus sévères pour ceux-là que pour ceux-ci, par la raison qu'un individu *politique* n'est plus un simple particulier, qu'en cette qualité, il ne peut plus avoir les mêmes passions, les mêmes foiblesses, la même liberté que le dernier.

18°. Après avoir constaté les principes des institutions diverses, j'ai dû examiner ceux de la censure, (ce modérateur si vanté des anciens) et j'ai trouvé, 1°. que cette jurisdiction n'étoit pas dans la nature humaine, et n'avoit jamais existé dans le *droit*. 2°. Que la vraie censure ne pouvoit s'exercer que par le tribunal de l'opinion publique. 3°. Que celle-ci étoit l'*effet nécessaire* de la moralité de l'homme, indépendante et au-dessus de toutes ses institutions : qu'elle n'existoit que sous le christianisme, parce que la religion chrétienne seule, avoit distingué formellement entre le *droit* et le *fait*, que cette distinction étoit le seul palladium de la *liberté* entre les citoyens du même empire, le seul fondement de *l'équilibre politique* entre les nations, en soumettant celles-ci, ou plutôt leurs chefs, aux mêmes règles que les individus; mais après avoir établi que cette puissance (de lumières) seroit toujours sans force, et même nulle, si l'on n'employoit avec un zèle constant tous les moyens qui développeront ces lumières, j'ai montré, que l'enseignement libre des principes généraux du droit naturel appliqués à toutes les espèces publiques ou particulières, qui se rencontreront, donneroit infailliblement cet effet.

De tous ces principes engendrés les uns des autres, j'ai conclu... Les élémens d'ordre social, ne peuvent être que ceux qui forment la nature d'un être *moral* et *perfectible*... *Donc les institutions qui approcheront le plus près de ces types immuables, seront le moins imparfaites, celles qui leur seront contraires, seront fausses et vicieuses.*

Tels sont les résultats auxquels m'a conduit la seule étude des choses dans leur *essence*, et que j'ai tâché de vous développer dans nos divers entretiens.

Si j'eusse admis, que le *droit* ou *la souveraineté* est dans la force, que la moralité n'est pas la conformité des actions humaines, avec une autorité supérieure à la raison, ou plutôt, si j'eusse supposé qu'il n'y a pas un ordre moral préexistant à l'ordre extérieur, je serois parvenu sans doute à des résultats bien différens de ceux que je vous ai présentés, j'aurois pu dire, que la souveraineté est *dans le peuple*, *représentative*, *divisible* (1), etc. mais si l'on admet un seul de mes principes, on ne peut se refuser à aucune de mes conséquences.

J'ai établi, comme vous le voyez, la nécessité d'une législation supérieure, et par conséquent l'existence de Dieu, par la seule nature de la raison et de la moralité de l'homme; mais je pouvois aussi partir d'un autre point (je veux dire de l'existence de la divinité), et de ce point, je serois arrivé au même but, car s'il y a un Dieu, il s'est révélé par cela seul qu'il existe: or, voici une autre preuve de l'existence de cet être suprême, preuve peut-être plus absolue, plus directe que

---

(1) Non, en supposant même la souveraineté dans le peuple, on ne peut inférer logiquement qu'elle est représentative et divisible. Ces conclusions sont fausses dans tous les cas.

celles que nous avons données, bien qu'elle s'y trouve déjà comprise, et que je ne fasse ici que la développer sous un jour nouveau....

1°. Avant de faire une action quelconque, j'en ai la conception ; j'ai la puissance, la volonté, la liberté de la faire, etc. ces élémens sont d'une autre nature que l'action elle-même et ses résultats ; il y a donc en moi un principe antérieur aux effets physiques ou sensibles, que je produis au-dehors ; principe absolument indépendant de ceux-ci, dont ces derniers, au contraire, dépendent, et sans lequel ils ne peuvent exister.

2°. Pour peu que je réfléchisse sur le principe qui m'anime, et qui est si différent de *mon action*, je vois que sa vertu, toute éminente qu'elle est, se réduit à l'acte d'une simple modification ou d'un simple usage des matériaux qu'il trouve tout faits. Je vois qu'il ne peut *créer* aucun de ces matériaux, ni de semblables, ajouter ni diminuer à leurs substances, j'en conclus... Celui qui ne peut que modifier ou employer la matière avec intelligence et liberté, est sans doute un agent moral, mais il n'est qu'une *cause secondaire*, il est évident que déjà lui-même il est un effet de la *cause créatrice.*

Un être dont tout le pouvoir se borne à modifier pour son usage et son bonheur, les substances mises toutes faites entre ses mains, dépend nécessairement de celui qui a créé ces mêmes substances : il est lui-même une des substances créées.

L'être qui a fait et donné le grain, a fait aussi celui qui ne peut que le semer et triturer; le pouvoir de modifier est un effet du pouvoir créateur, donc il y a une cause première essentiellement distinguée de toutes les causes secondes; mais si les causes secondes sont elles-mêmes déjà pourvues d'une portion d'intelligence, de puissance, en un mot de ces facultés que nous appellons *morales*, il s'ensuit nécessairement que la première est la source de toute moralité. Un effet ne prouve pas seulement l'*existence* de son principe, mais l'*essence* de ce dernier, ainsi dès qu'un effet est déjà une *cause morale*, son principe est en même tems le *principe de la moralité.*

Si l'on n'admet point cette démonstration, il ne faut plus chercher à rien prouver, il n'y a plus dans le monde ni *effets*, ni *causes secondes*, ni *causes premières*, tous ces mots doivent être effacés des langues humaines, puisqu'ils ne donnent plus aucune espèce d'idées; mais tout homme qui ne confondra point les élémens, qui distinguera entre *principe*, *effet*, la *nature de ces effets*, qui suivra la génération des idées produites par cette idée *mère*, en n'abandonnant pas cette ligne appellée droit naturel, trouvera démontrée, 1°. l'existence de Dieu, 2°. dans ce premier être, le principe de toutes les vertus morales, et admettra par une suite nécessaire, toutes les maximes exposées dans cet écrit.

Telle est la nature d'un ouvrage sur l'ordre moral : il peut finir par où il auroit pu commencer ; car cet ordre n'est pas une *chose*, mais le système ou assemblage infini de choses inhérentes les unes aux autres, ou de corrélatifs nécessaires, formant un tout indivisible dont on ne peut détacher une seule partie sans rompre l'ensemble, de manière que dans ces sortes d'ouvrages, le premier principe peut et doit devenir indifféremment la dernière conséquence, comme la dernière conséquence devenir le premier principe, et n'imaginez pas, que je vous aye mis sous les yeux toutes les parties de cet ensemble, loin de moi cette prétention, je n'ai eu que le projet de faire un essai de logique, et de vous y rappeller dans un court espace, les principes dont la connoissance vous est indispensable à tous, quelle que soit la diversité des fonctions auxquelles vous serez appellés.

Il vous reste maintenant l'étude des conséquences, laquelle se partage en ces diverses parties que les peuples civilisés appellent *états* de la société.... L'état du théologien, du politique, de l'administrateur, du jurisconsulte, du guerrier, etc.

Toutes ces branches partent du même tronc, forment dans l'essence des choses un tout moral, indivisible, elles ne peuvent donc se perfectionner que les unes par les autres, ce sont leur culture, et leur harmonie seules, qui donneront la civilisation.

La vie de l'homme le plus laborieux, il est vrai, ne suffira pas à chacune de ces parties, mais cela ne doit point le décourager ; il ne travaillera pas en vain, il verra les fruits de ses peines, si toujours le droit naturel devant les yeux, il ne cherche qu'à le *développer*, qu'à l'*appliquer* aux cas particuliers.

Il n'en sera pas de même, s'il quitte un instant cette boussole, ou s'il s'ingère lui-même à faire des principes : ses plus beaux ouvrages ne seront plus alors que de brillantes erreurs, enfans de son imagination, et des lumières trompeuses. Un être qui n'a que le pouvoir de *modifier* au moral comme au physique, ne peut rien créer : le génie dans tous les genres n'est que dans l'imitation la moins imparfaite, et s'il crée quelque chose, ce qu'il créera, sera toujours hors de la nature et de la vérité.

Fin du deuxième et dernier Volume.

TABLE

*Des Conférences et des matières traitées
dans chacune d'elles.*

LIVRE TROISIEME.

Outre une puissance spirituelle, sans force coactive,
il faut à la société un pouvoir extérieur et seu-
sible, chargé de lui donner des lois, et de les faire
exécuter par la force. -- Ce pouvoir est ce qu'on
appelle la souveraineté. -- Celle-ci est dans l'essence
des choses, l'union indivisible de la sagesse, de
la puissance et de l'amour. -- Le gouvernement est
dans sa nature, l'exercice actuel de ces vertus
représentées sous le nom de pouvoir législatif et
de pouvoir exécutif. -- Les mêmes pouvoirs sont
indivisibles comme les vertus qu'ils représentent.
-- Toutes les tentatives pour opérer cette division
chez les différens peuples, ont été nulles. -- Si le
pouvoir exécutif n'est pas législatif par la constitution, il le devient nécessairement par le fait
et par des moyens indirects. -- Le pouvoir législatif
est excellent, mais son travail est sans comparaison
avec le pouvoir exécutif. -- Ce dernier est le vrai
souverain. -- On ne peut assez faire pour le mettre

de l'autre, nonobstant les plus grandes distances,
les plus longs intervalles ; les hommes ne peuvent
détruire les liens de famille, quand même ils le
voudroient. — Le Contrat social est destructif de
toute liberté. — Il organise le droit du plus fort.
— Son auteur a reconnu lui-même que sa théorie
etoit impraticable. -- A travers ses erreurs, cet ouvrage contient des vérités.

Si le peuple n'est pas souverain, il ne peut commu-
niquer la souveraineté. — Un législateur n'est
point de sa nature un représentant ou un mandataire, c'est un homme reconnu supérieur en vertus
et en lumières par ses égaux qui l'élèvent librement au-dessus d'eux pour faire leur bonheur.
— Cette reconnoissance seule fait son inviolabilité.
— Cette inviolabilité est dans la nature des choses ;
le souverain ne peut être que le représentant de la
divinité, ou du souverain par essence. — Il est important pour l'humanité de répandre ces maximes.
-- En droit naturel, les magistrats de la démocratie
la plus absolue, ne représentent pas le peuple,
mais l'être suprême.

Toutes les distinctions ou marques extérieures
des chefs, sont faites pour leur rappeller ces vérités, elles sont dans le seul intérêt des peuples.
— La souveraineté placée dans une assemblée est
formée sur le modèle du dieu de Spinosa.

LIVRE QUATRIEME.

Ce n'est pas le climat qui fait l'homme moral, ni l'ordre de la société, ce ne sont pas non plus ni les mœurs, ni les lois, ce sont les institutions primitives seules. -- La fausse science est aussi funeste à l'humanité que l'ignorance absolue. --- Les peuples institués dans le sens du droit naturel, sont relativement plus puissans que ceux qui ont reçu une autre culture. --Vrais fondemens de la puissance relative, de l'Europe sur les autres parties du monde.

Le despotisme des républiques est de sa nature réel et personnel. --- Celui des monarchies n'est que personnel. --- Le despotisme des anciens chefs de nations, ne vient pas tant de la corruption de ces derniers que du vice des institutions sociales. -Sous le christianisme, le tyran est en opposition mani-

forment un seul tout indivisible. --- Leur résultat
définitif est, que les principes d'ordre social
ne sont que les élémens de l'être moral et perfectible lui-même, que les institutions conformes
à ces élémens, sont les seules vraies, que toute
institution contraire est nécessairement fausse.
--- Dans un ouvrage élémentaire, la conclusion peut
devenir le commencement, et le commencement
devenir la fin. -- Preuve directe de l'existence
de l'être suprême, comme premier principe de
toute moralité.

Fin de la Table du second et dernier volume.

Errata *du deuxième Volume.*

Livre III. Conférence 2, page 19: *nation*, lisez *nations*.

Conférence 4, page 46: *de la minorité*, lisez: *de la majorité*. ibid... page 52; de *Meletal*, lisez: *Melcthal*.

Livre IV. Conférence 1, page 94: *toutes les fois qu'il parle*, lisez: *quand il parle*. Ibid..., *libero dignus*, lisez: *dignius*.

Conférence 3, page 129, à la note: *il a lieu*, lisez *elle a lieu.*

Conférence 6, p. 185 *quæ libetartes*, lisez *quælibet artes*

Conférence 7, page 207, *de a moralité*, lisez: *de la.*

Conférence 12, page 263, *instantis tyrannis*, lisez, *tyranni*. Ibidem, p. 274: *Mais malgré cela*, lisez, *Malgré cela.*

Couférence 13, page 304, *colamus* lisez *locamus.*

www.ingramcontent.com/pod-product-compliance
Lightning Source LLC
LaVergne TN
LVHW011920180726
843502LV00003B/667